阳光教室系列
YANGGUANG JIAOSHI XILIE

陈汉森 ○ 著

踏上教师
专业之路

TASHANG JIAOSHI
ZHUANYE ZHI LU

四川教育出版社

图书在版编目（CIP）数据

踏上教师专业之路/陈汉森著. —成都：四川教育出版社，2013.7
（阳光教室系列）（2016重印）
ISBN 978－7－5408－6327－2

Ⅰ．踏… Ⅱ．陈… Ⅲ．①中小学—教学经验
Ⅳ．①G632.4

中国版本图书馆 CIP 数据核字（2013）第 136560 号

责任编辑　伍登富
装帧设计　毕　生
责任印制　陈　庆　杨　军
出版发行　四川教育出版社
　　　　　地　　址　成都市槐树街 2 号
　　　　　邮政编码　　610031
　　　　　网　　址　www.chuanjiaoshe.com
印　　刷　四川福润印务有限责任公司
制　　作　成都完美科技有限责任公司
版　　次　2014 年 4 月第 1 版
印　　次　2016 年 9 月第 2 次印刷
成品规格　155mm×218mm
印　　张　10.5
定　　价　20.00 元

如发现印装质量问题，请与本社联系。电话：（028）86259359
营销电话：（028）86259605　邮购电话：（028）86259694
编辑部电话：（028）86259381

总 序

近年来，香港的学校，在不少教室中，长年累月是阴霾密布，充满着幽暗与郁闷，了无生气。

许多孩子厌恶上学，把上学视为畏途。于是逃学或干脆辍学。至于肯回校上课的，不少是度日如年，无心向学而行为顽劣，结果是学习成效低下。老师不少亦厌恶和害怕上课，他们自嘲为"四等"或"五等"教师，而教学成效低劣，是极其自然的结果。为什么会有这些现象？背后是些什么原因？问题可以解决吗？还是学校生活根本就是如此灰暗可怕？我的回答是："不，这绝对不是必然的。"相反地，我们在不少学校中，每天可以看到教师和学生都含着盈盈笑意在教导和学习。在融洽亲切的智慧和心意交流中，教室中充溢着阳光，亦即宝贵的生命之光。

同样是学校教育，为什么会出现如此截然不同的景象呢？"阳光教室系列"的创意和出版，正是回应上述种种问题。近年来学生问题出现恶化的现象，由于问题的根源复杂，不可单靠学校教育来解决。但我们深信，学校和教师，在青少年儿童的成长历程中，始终扮演着重要的角色。"阳光教室系列"的作者们尝试以教育和教育辅导的理论为基础，从学生、教师、家长等不同角度来探索种种课题和困难。他们带出一个重要的信念：教育工作的确是日益艰难；不过，倘若我们在留意课程、教学法、学校设备和校政之外，还为被忽略的"人"这一元素重新定位的话，教育仍然是有成效的。

"阳光教室系列"是一个上佳的名称。植物需要阳光才能长大。孩子在学校中，同样需要一个人性化而温暖的环境，才能有效和快乐地学习和成长。但遗憾的是，学校越来越像工厂的生产，而教育工作者有时居然会忘记了自己和学生都是有血有肉的人。

十年前，我的一位学生决定离开已任教七年的学校。她感慨地对我说："除了人与人的疏离和争斗之外，最近学校宣布，从下半年起，学生成绩册上的操行等第和评语，将一概由电脑处理。教师不必亦无权过问。"她在许多教师雀跃于工作减轻的同时，只感觉到学校非人性化的环境越来越冰冷。十年后的今天，学校的科技设施有了更大的改进，可是教育工作者是否真的能善用科技？抑或会因此导致更多教育的危机？

事实已一再显示，当教育工作者视学校如工厂，忘记了教育是令人尊敬的事业时，很容易会偏离了正轨。"阳光教室系列"基本上没有什么"新意"，只是在作者们平实的表达和有理有情的笔触中，大家会发现三种教育最基本的理念：首先是"诚"，包括了教师对自己和对学生的一份诚意。其次是"信"，是对每一个学生独特性的尊重和接纳。第三是"心"，是指教师对教育工作的热爱和投入。总括以上三点，其实就是一种崇高而庄严的教育爱。

喜见"阳光教室系列"的出版，亦高兴于列位富有经验和学养有素的教育工作者参与这一项很有意义的工作。闭目遐想，我看见在阳光洒满一地的教室中，教师带着微笑兴致勃勃地带领着学生在研习。在学生充满好奇、盼望和兴趣的眼神中和偶尔迸发出的呐喊和笑声中，我欣然看到了跳跃的生命，也看到了生命与生命的交流。我深信此过程促进了生命的茁壮成长——包括了莘莘学子和春风化雨的良师，大家一同经历成长的满足和喜乐。

林孟平

（香港中文大学教育学院心理辅导学教授）

再版序

刘备临终时把儿子刘禅交托给诸葛亮,诸葛亮答应尽心尽力扶助幼主之后,就决定了他日后必须走鞠躬尽瘁,死而后已的道路。刘禅是昏君,但这并不妨碍诸葛亮尽心尽力扶助他,完成忠于承诺的高贵价值,并且永远为后人景仰。

家长把孩子送到学校,交给教师,就决定了教师必须尽心尽力,完成教好孩子的任务,无论接收到的孩子是天才还是才智平凡者,只要教师尽心尽力,发掘孩子的潜能,在他们已有的条件上增值,即使他们不一定能够在公开考试中脱颖而出,为学校争光,也无碍教师完成培育下一代的高贵价值。

如果教师自己有孩子,当他们送自己的孩子到学校时,就更容易明白家长对学校和教师的期望了。教师的任务,就是要与家长合力培育社会的下一代成才。这本来是很浅显的道理,但在部分价值观扭曲了的人心中,这种说法变成"高调",说这种话的人容易被视为傻瓜或虚伪。我们应该曲从于庸俗的观念,还是应该坚持正确的价值观?

"把社会下一代教育成才"这责任是重大的,社会亦期望教师有专业的能力和情操,把这项意义重大的工作做好!

专业的价值在于:未受过专业训练的人做不到,只有受过专业训练的人才做得到,或做得更好!社会对专业人员又多一份尊敬,专业人员比非专业者有较佳的报酬,就是这个道理。专业要取得社会的信任、尊重,便要有专业知识和能力,以及不辜负社会人士信任,坚守专业岗位的情操。专业能力决定专业是否成立,专业的情操决定该专业受世人的尊重程度。

2003年初,一场非典,测试出香港医护人员的专业能力和情操。而香港教育专业的前途,系于教师队伍的专业能力和情操,盼望教师同行以医护抗灾精神自勉,在教学工作上表现出崇高的专业精神。

陈汉森

自序

香港社会对学校教育有很高的要求,这份要求随着社会急速转型而愈来愈强烈。学校要提供优质教育,才能满足社会的需求,教师队伍要有高水准的专业素质,才能满足社会的期望,赢得大众的尊重。

香港必须迈向知识经济的社会,才能够在国际社会的激烈竞争中不至落后而被摒出局;学校必须提供优质教育,知识经济的社会才有条件产生和发展。

香港社会结构转型,令青少年在成长路上,比过去遇上更多、更大的困难;而这些困难,不能单从成年人已有的经验得到完全解答,因为即使是成年人,面对不断转变的社会现实,有时亦不知所措。

教育,不能照搬前人的经验了。今天的教师,如果只按照自己学生时代所接受的教育方式来教学,经常会发觉不灵光、低效,甚至无效。为什么?因为学生变了,由精英学生变成普通学生;因为时代变了,由工业社会变为商业、金融、知识社会。

这个年代的教师不容易做得很好。要做好教学工作,首先,必须与时并进,并且在教学工作中不断总结经验,调整策略。其次,还要经常与同行交流经验,包括同一学校的同事,不同学校的同行,以及离开本地到国内外与其他地区的教师交流。再者,教育理论的研习,教育观念的更新,今天已经不是可有可无的活动,而是提高教学效能必须做的功课。

我在偶然的情况下转入教育的圈子;但一踏上教育之路,便恋上了"她",与之结下不解之缘。我在这十七年来的工作中,深切体会到"学而后知不足,教而后知困"的道理。很幸运,十多年来,我在教学上不断地迎接挑战、广泛交流、研习理论、尝试新方法,感到自己没有懈怠、停滞下来,而且还取得不少成就。本书内的数十篇文章,便是这十多年来教学工作的部分心得。谨以此书与各位教育路上的有心人互勉。

陈汉森

4

目录

IV 德育思索

V 他山之石

I 专业情操

教育专业情操

责任未尽时最苦，
责任完成后最乐。

——梁启超

某天晚上，打算写好翌日的讲稿就休息，但一位离家出走的学生来电，于是立即由南区乘的士到柴湾会她。带学生返家，不可免地与当事家长和学生交谈，在责骂和泪光交集的气氛中，安顿他们的情绪。由柴湾回到南区，已十二时多了，还要准备明天的讲稿。

朋友问："你有什么责任用自己休息的时间去做学校的工作？你已经不再是学生的班主任了，为什么不由现任的班主任或者社工去做？……"我说："这是对教育专业的尊重。"纵然是现任的班主任和驻校社工，也不见得有责任在办公时间以外，劳神费力地把离家出走的边缘学生带回家。但是，即使是一个普通市民，看见路上有卧地的伤者也有责任抢救，知道有虐待儿童事件也有责任举报。我去年是这个离家出走学生的班主任，一年来不停地处理她的越轨问题，彼此建立了互信关系，她的情况我了解得很清楚，做得最驾轻就熟。她向我求助，作为学校的教师，我当然有责任伸出援手。

有些年轻教师问我："你怎能保持教学的活力？"我的回答也是："教师是可贵的专业，我尊重这份专业，希望尽力把这份专业做好。"

可贵、尊重等观念可以是很虚无、很抽象；但又可以是很实在，甚至比眼前碰到的电灯柱还实在。

我见过一位市政局清洁厕所的职工，用强力的水龙头胡乱地把四周射了几分钟便算完工，偷懒去了；我又见过另一位，他一边认真地用布洗抹厕所的墙壁和洗手盆，一边愉快地唱歌，直至整个厕所都干干净净，才心安理得、高高兴兴地离去。

消防员冲入火海中救人，警员在枪林弹雨中擒匪，父母在子女有危难时舍身保护他们……当中没有什么秘密，也不一定说得上"神圣"，其实只是责任。用梁启超《最苦与最乐》中的话："责任未尽时最苦，责任完成后最乐。"

孔子的门徒子路被刀客击倒时，坚持要把象征士人的帽子戴好才受死，这份执着，正是对自己身份的敬重。因此，教育专业除了知识和技能的指标外，还要有态度和情操的指标。

个人反省

* 教师的情操、知识和技能三者，你认为何者最重要？何者的重要性最低？为什么？

具体实践

* 在你认识的教师中，找出一些你感到值得赞赏的情操和具体行为，并看看自己可否学习。

你的补充

向 韦尔特老师致敬

爱，不是怜悯。

爱是伟绩，爱是自我牺牲。

——绥拉菲摩维奇

1998 年 3 月 25 日，美国阿肯色州两名少年学生，十一岁的戈尔登和十三岁的约翰逊，穿着迷彩军服，用步枪和手枪，射杀从教室闻火警钟走出来的同学。四名女学生及一名女教师被射杀，十一人受伤。被射杀的教师是三十二岁教英文科的韦尔特，她胸腹多处中枪。生还的学生说，韦尔特老师为了保护六年级的学生皮特曼，不惜以身体掩护他，因而中枪身亡。

韦尔特老师面对学生有危难时，要在生死之间立即作出反应，她选择了保护学生。她没有先考虑自己的安全，没有先想到自己的家人，自己的爱人，自己的……她选择先保护学生。这是教育专业精神的高贵表现！以教师专业自诩的人都应该对她致以崇高的敬礼。

我想起 1996 年 2 月 10 日八仙岭的一场山火，也夺去香港两位优秀教师周志齐和王秀媚的生命。两位老师带领一群学生野外活动，不幸遇上无名山火，他们在协助学生逃生时英勇牺牲。在熊熊烈焰中，教师自己的生命重要，还是学生的生命重要？教师应该自己逃生，还是要待所有学生安全逃离后，才考虑自己的安全？周、王二君都选择了后者。

船舰遇危难时，舰长要待舰上所有人都安全离去后，自己才可以逃生；飞机遇危难时，机长绝不能在机上仍然有其他人时离开机舱；同样，教师不能在学生有危险时不尽力相救。这是他们身处的角色和地位所赋予的责任，是无条件的命令。

家长把学生送到学校，也同时把管教、照顾、保护孩子的责任交托给教师，这些正是教师庄严而光荣的职责。

我们没有理由要别人慷慨赴义，因为每一个人的生命都有无可替代的价值。不过，不同的言行，可表现出一个人素质和人格的高低。越多教师愿意恪守教育专业所赋予的职责，教育越有前途。

个人反省

＊你认为作者所说的教师责任是否过重？你能否做得到？

具体实践

＊在本周内选择一名学生沟通，了解他在学习以外的困难或需要。

你的补充

教师并非"混饭"

教师的威信首先建立在责任心上。

——马卡连柯

与几个同事聚餐时，谈到学生愈来愈难教。

其中一位问我："如果教师向违规的学生说：'我都是混饭，你没必要为难我！'这样要求学生不要捣蛋，是否有效？"我与另一位教师朋友立即同时摇头说："一点用处也没有，而且可能产生反效果。"

"为什么？""因为学生没有责任关心和照顾教师的利益。如果教师为了两餐要求学生不要捣蛋，那么学生同样可以要求教师不要干涉他的顽劣或违规行为。学生可以对教师说：'我都是混日子，你无须阻止！'这两种说法在价值观念上完全相同，都是从个人利益立场考虑，忽略了学校教育工作的任务。"

"那你会怎样说？"

"我有三个具强制力的理由。首先，家长送学生到学校，同时也把管教和保护的责任交托给教师，因此，对于违规的学生，我有责任制止和惩治，如果顽劣学生的捣蛋行为干扰其他学生学习，甚至

6

令他们身体受损害，教师亦有责任维持教室秩序，保障全体学生的安全。这是家长交托给我们的责任，不尽责就是失职。我称为'家长交托论'。"

"其次，政府用纳税人的金钱开办学校，推行九年免费教育；聘用教师，是要教师培养对社会有用的人才。我接受学校聘用，就要尽力做好教育学生这件重要工作。学生违规，教师就有责任纠正、惩治。我称为'社会责任论'。"

"第三，现代社会愈来愈需要知识，学生掌握知识，这对未来的生活和工作都很重要。作为他的长辈也好，朋友也好，我有责任提醒违规的学生，为了自己的未来，多学知识，守规矩、勤学习，也是比较好的选择。我称为'长辈提醒论'。"

学生可能会笑教师愚蠢，但不会怪教师尽责。尽责无敌！学生违规，教师要执法，多少要强制。具体怎样做弹性可以很大，甚至有时也许需要权宜行事，但不能在原则上让步，认为破坏教学的行为只是对教师职业饭碗的损害。

个人反省

* 你处理违规学生时的教育哲学是什么？与本文作者的观点比较如何？

具体实践

* 细心聆听你校训导老师向违规学生训导的话语，分析其中的教育哲学。

未能教化的学生

绝望之为虚妄，

正与希望相同。

——鲁迅

医学上有绝症，会计上有坏账，教学上有未能教化的学生。教学过程中，教师有时会遇到一些难以教化的学生。例如：完全自闭的学生，对教师所有辅导的尝试都不作任何反应，像个外星人，教师像老鼠拉龟般难以下手；疲疲沓沓的学生，不怕骂，不受哄，嬉皮笑脸，常令教师哭笑不得；严重暴力的学生，多数教师都害怕接近；"古惑仔""姑爷仔"学生，灵巧若蛇，年纪小小但脑袋却像老练的成人；情绪化、言行幼稚的学生，他们智力（IQ）正常，但情绪自制力（EQ）和受挫的自我调节力（AQ）却很低，跟他们相处像哄幼儿园的小孩；经常失恋的学生，对爱情渴求像食物和空气一样迫切，他们经常像邪灵附身，喜怒哭笑不定，情绪大起大落；豪放女生，她们对性不但没有禁忌，还故意暴露或摆出放荡的姿态，有时又像饱经沧桑的风尘女子……

面对暂时未能教化的学生，教师通常会有两种反应：一种是

"与我无关型"。有些教师喜欢把这些学生的所犯事情细描和夸张，并大叹今天学生难教，教师难为。他们这样做的目的，只是向外界宣称，学生的差劣与自己无关。另一种是"罪己过甚型"。有些教师真的深信教师是"人类灵魂的工程师"，学生的不正常言行，自己都有责任辅导、改造，他们以未能改变越轨的学生而时常感到不安，并产生挫折感。

我认为上述两种心态都不适当，我有两点建议：

一、未到绝望，决不放弃。像抢救室的医生，未到病人心肺停止活动，决不停止抢救。努力未到最后关头，决不轻言失败。

二、教化是持久战。坏习惯和好习惯都不是一天养成的，要改变它，也不是一朝一夕的事。不少被评为"无药可救"的学生，只是教师耐性不足、能力不足、时间不足的结果。

个人反省

* 教师能改变学生什么？不能改变学生什么？

具体实践

* 观察校内那些未能教化的学生，描述他们的特征。

你的补充

在 犯错之前制止他

青少年不守规矩是天性；

反之，守规矩是后天教化的成果。

教师和家长经常为防止孩子犯错而费尽心力。有些错孩子可以犯，而且有时可以故意让他们犯，尝尝后果，例如故意让小朋友用手触热水壶，烫烫小手，好教他们以后懂得防范。但有些错却不能犯，一失足成千古恨，不能回头的，例如不能模仿"咸蛋超人"从高处跳下，不能吸毒，不能把手放进碎肉机内……

不少人谈论电影《沉睡者》时，都把焦点集中在狱警对教养院内的少年犯性虐待、少年犯长大后报复、神父发假誓等问题上，但我却特别留意引发上述事件的起因。

为什么四个孩子会被送入儿童院？因为他们推动小贩的热狗车冲下楼梯，压死路人。为什么他们把车推下楼梯？因为他们戏弄那个小贩。为什么要戏弄小贩？因为他们肚饿又无聊。为什么他们肚饿便要向卖热狗的小贩打主意，而不忍着饿，或者向父母讨钱去买呢？因为……

如果家庭能够给他们温暖和家教，学校能够培养他们行为规范，在他犯错之前，有人提醒、制止他们，一切令他们终身后悔的事便不会发生。

1996 年嘉利大厦灾难性大火的起点，只是一个小火头，如果有消防花洒即时喷出水花，把火头淋熄，数十条人命的损失和数十个家庭的痛苦便不会发生！

儿童和青少年对周围事物充满好奇，他们不守规矩是天性，反而守规矩是后天教化的成果。家庭教育、学校熏陶、法律制裁，目的正是要把孩子的野性驯服。有些教书人喜欢在学生犯事之后指指点点、帮腔臭骂，仿佛事不关己，他们忘了在学生犯错之前竭力制止，正是教书人的责任。

个人反省

* 回想青少年时期的你，有没有犯今天学生常犯的错。

具体实践

* 选一个你任教过的顽劣学生，分析他的顽劣行为，研究其成因及可能帮助他改过的条件。

你的补充

失禁论和狼孩论

问题不在于问题本身，

只在于你如何看问题。

那天出席小学汉语讲故事比赛，刚刚入会场，便有教育学院的学生站在接待处要我领胸牌。"啊！你就是……我看过你那本讲教室秩序管理的书，很有用。你说最重要的，是不要介意学生对自己无礼。"我说："你已经掌握了全书的主要精神了。"

要管理好教室秩序，方法诸多，但道理并不复杂，就是要相信顽劣学生是需要管教，而且是可以管教好的。教师能管教顽劣学生的前提，就是不能降格到跟学生斗气，以眼还眼，以牙还牙。这样做，只会把学生"抬举"到与教师等同的地位，相对地将自己降格至与学生相同的地位，实属不智。

教师与学生斗气的主要原因，就是太介意学生对自己无礼。关于这点，我有以下两个观点："失禁论"和"狼孩论"。

"失禁论"认为，教师不妨把顽劣学生对自己的不敬行为，等同于婴儿不幸把屎尿撒到自己身上，快快清理便可，不必恨他。婴儿的排泄系统发育未完成，便急就解，不会考虑屎尿撒在什么地方；同样，青少年的心智情绪发育未成熟，言行有时会失分寸，不计后果，不辨对象。教师遇上学生的不敬，有时会感到不愉快，但更重要的是看到他们恰恰需要教导，像要教孩子在适当的地方便溺一样。

"狼孩论"认为，"人之初，性本善"。每个孩子初生时都是纯洁的，但是有部分孩子命运不济，有些没有家，有些得不到好的家教，像被豺狼自小带走的狼孩，习惯了野蛮行为，不懂正常人类社会的礼仪规范，未受教化，野性未驯，因而容易对教师做出不敬的行为。用正常人的标准看，他们的言行确实令人愤怒，但若把他们视为野性未驯的狼孩，便无须动气；反过来想，协助他们重回主流社会，正是专业教师的责任。

个人反省

* 用"失禁论"和"狼孩论"来理解学生对教师的不敬，合理吗？困难吗？难在哪里？

* 你是否非常介意学生对你的不敬行为，甚至因而经常跟一些顽劣学生斗气？

具体实践

* 当遇到不快或难以解决的问题时，尝试先让自己冷静下来，并转用另一个角度来处理问题。

你的补充

离开，还是接纳？

教育是社会生活延续的工具。

——杜威

一所第五组别学校要制定来年的学校目标，下面两个目标哪个比较适当？一、全力在最短时间内升级，远离第五组别学校的行列，简称"离开论"；二、积极教好这群第五组别学生，接纳他们，提供适合他们需要的全人教育，称为"接纳论"。"离开论"和"接纳论"两个目标并没有矛盾，只是重点不同，实践方式也有很大差异。

"离开论"者为了在最短时间内提高学生的考试成绩，往往只侧重操练学生的考试技巧；更有甚者，是把成绩追赶不上的学生设法赶出校门，吸纳成绩较佳者入学，以利于提高公开考试的合格率。这是违反专业教育操守的行为。

"接纳论"从学生的需要出发，"德智体群美"五育并重。即使学生考试成绩不理想，但如果他们在操行、运动、领导力等方面有进步，他们仍然受到赞赏。"接纳论"者也重视学生的应试成绩，但并不视之为衡量学生价值的唯一原则。因此，采取"接纳论"为学校目标，也可以令学校离开第五组别的行列，但进展速度会比较缓慢。

有一些管理能力高强的校长，用若干年时间，便可把一所新校由第五组别逐步升格为第一组别。回想努力的成果，当然非常高兴，再想到从此"脱苦海"，不必再跟大量顽劣学生"搏斗"，好似事业的前途一片平直宽广，更加喜上心头。但是，从整个社会来看，一所学校升级了，但第四、第五组别的学生却没有减少，只是他们流入管理较差的学校而已。学校升级只是学校管理阶层享受成果，整体社会得益不大。

加强所有学校的管理效能，让所有第四、第五组别的学生都升级，从而不再存在这个组别的学生，才是教育投资的目标。如果有这样的校长，他们的教育行政能力很高，用了若干年时间，就把一所第五组别学校发展为第一、第二组别学校，然后，他们不留在原校"享受成果"，而是转到另一所第五组别学校做校长，凭他们的经验和能力，再制造另一所高效能学校，这样不是更好吗？

个人反省

* 假设你是一所第五组别学校的行政人员，你会采用"离开论"还是"接纳论"？为什么？

具体实践

* 研究你校的主流教育目标是"离开论"还是"接纳论"。除了这两种倾向外，还有没有别的有影响力的观点。

厌恶性工作的训练

"锲而不舍"不仅是爱心和耐心的表现，这是教学专业应有的能力和态度。

咏恩回母校探老师，我想知道她做护士学生的感受。我问："学护理是否要训练做厌恶性工作？"她说："一定要，并且故意让初入职的实习护士去为病人抹身，帮助病人大小便，替老人抠痰等。""初做厌恶工作时，有没有恶心的感觉？""有点不舒服，但不至于恶心；但做多了，也不觉得什么了。"我再问："有没有被病人不友善对待？"咏恩说："有一次被病人打了一掌。当时很不开心，但想到他有病，便不再上心了；后来那个病人还向我道歉。"

准教师入职前，看来也应当接受一些训练，学习如何处理有厌恶性言行的学生。例如学习面对学生的不敬言行而不动气，怎样面对凌乱的教室而不慌乱等。

今年任教的一个班上，有个学生几乎令我动气。如果教师不点名提示她，她不会主动依教师的指示做；但即使教师多次提示，她依然四顾游盼，与周围的同学眉目传意。教师加强语气，甚至训斥时，她便时而朝天，时而望地，时而与好同学相视而笑，嘴角抿起，那种藐视教师的神态，令人非常难受。

我曾于放学后留住她，强制与她"谈心"，但她拒绝"交心"。到下一节课，她不敬如故。我虽了解到这是她家教不足和过去经验导致成的，不能短期内改变她，但上课时处理她，仍有点不舒服。我们的师资培训除了有教学法之外，还应该训练教师在面对顽劣学生时如何调节情绪，把各种类型最难处理的处境都展示在学员面前，让准教师不致走进教室时才手足无措，方寸大乱。

过去，谈教师面对顽劣学生时要付出爱心、耐心等，但如果有人说："我没有那么伟大，我只是'混饭'而已。"我们便无言以对。今天，我们可以说面对顽劣学生的不敬言行而不放弃，不仅是爱心的流露，还是教学专业应有的能力和态度。

个人反省

* 你因学生不敬行为而动气的次数多吗？与两年前比较，你现在的发怒次数有没有增减？是什么原因令你有这样的转变？

具体实践

* 试列出五项学生最令你厌恶的顽劣行为，并写出你目前的对策，然后与校内一位经验丰富的教师交流意见。

你的补充

一念之间

一念之间，可以铸成大错，也可以化险为夷。

在座谈会上，培立学校的张苑仪主任讲了一个令人抹一把汗的故事。

一次，她在学校的饭堂管理秩序时，某女生不知何故，做出一连串嚣张恶劣的动作，冲着她而来，不停地爆粗口使她十分难堪。在众学生面前，怎样下台呢？"我当时怒火中烧，手中拿着一束筷子，有一股冲动想把筷子扔过去。"如果她当时这样做，肯定又上报刊头条，她本人和学校都因此蒙羞。"幸好，长期的训练能让我按捺住我这股怒火，让自己冷静、冷静、冷静。当我冷静之后，事件很容易就平息了。"

一念之间，可以铸成大错，也可以化险为夷，其中的关键是什么？是教师的修养。有部分是个人的修养问题，但这种修养，愈来愈应该成为教学专业的训练。

曾经听过有教师义正词严地说："学生要尊严，难道教师就不要尊严吗？学生的尊严比教师的重要吗？"其实教师和学生的尊严同样重要，但是学生的心智尚未成熟，情绪尚未稳定，对正常的人际关系有错误的认识，他们对教师无礼的冒犯行为，不能与两个成年人相处的情况等量齐观。

学生是待教育的，在教育完成之前，他们有很多可能的原因对教师做出不敬的言行，引导他们对事物有正确的认识和健康的情绪表达方式，正是教师的专业责任和工作。

我又曾到过一所学校的分校，看到部分教师对顽劣学生的冒犯行为表现出习以为常、见怪不怪、无能为力、无可奈何的态度，美其名曰"看透"，事实上是欠缺教育专业能力和责任的表现。"看透"的教师，不会再对学生的顽劣言行下功夫。教师的职责，正是要教育学生。我们的努力可以失败，我们可以暂时未有良策，但等待机会，谋求对策是不能停下来的。

化解顽劣学生对教师尊严的故意冒犯，并不以此牵动正常教学工作的情绪，是今天教师必须具备的专业能力。

个人反省

* 你曾因一念之差而做了一些错事？你认为这与个人修养有关吗？
* 你学校有没有"看透"的教师？想想导致他们"看透"的原因。

具体实践

* 当顽劣学生冒犯你时，尝试用以下方法令自己的情绪安顿下来：深呼吸五次；心中叫自己"冷静"五次；想象师生两败俱伤的情境；或把顽劣学生想象为未受教化的"狼孩"，现正等待你的教化。

你的补充

风雨兰

一个灵魂的价值贵于整个地球。

——《善牧会培立学校会祖训言》

培立学校的关惠芳校长说,校园内种了风雨兰,平常不觉其漂亮,但到下大雨、刮大风时,却美丽夺目。有学生指出,风雨兰的表现,跟培立学校的学生在风雨中成长相似,故提议把它定为校花,校方亦同意这个提议。

关校长说,被转介到培立学校的学生,她们的成长过程都像足球赛中那个皮球一般,经常被人踢来踢去,在这里住几年,那里住几年,没有固定的居所,没有人愿意长期照顾她们。这些孩子背后,都有颠沛流离的生活经历,和一段不光彩、不愿为人知的坎坷人生。

这群没有人关爱,或者被视为不自爱的女孩子,很多都没有一个正常的家庭。主流学校离弃她们,除了加入黑社会、出入一些不正经的场所、进入教养院之外,她们还有容身之所吗?每一个被送到培立学校的女孩,都带着对社会的仇恨,对人的敌视,满肚子的怨愤,怎样教化她们?

关校长说:她们的办学宗旨是"一个灵魂的价值贵于整个地

球"。换句话说，每一个生命的价值与整个地球的价值同样尊贵，不能轻言放弃，不能轻说绝望。那么，一切由教师主动做起！接受她们的不完美，由她们偶然流露出的一丝优点开始欣赏她们、赞美她们。每天早上，主动走到她们面前说声早，为与学生建立互相接纳和欣赏的关系创造条件……

关校长细说风雨兰时，她的一班同事亦坐在席上用心聆听。我觉得她们亦像风雨中的风雨兰，美丽可爱！

*　　　　*　　　　*　　　　*　　　　*　　　　*

后记关校长一则心声片语：

善牧精神"热切救灵"，教育理想"以人为本"，两者整合印证"生命燃点生命"……十八年来，以坚定的信念，积极的态度，创新的意念，不挠的精神，与一群志同道合的同事并肩前进，共同承担痛苦、共享成果。既可活出充实和丰富的人生，又能体现到人的尊严——"一个灵魂的价值贵于整个地球"。

个人反省

*你曾经对教学心灰意冷吗？曾经，为什么？不曾，是什么力量支持你？

具体实践

*选出一两个你觉得甚为顽劣的学生，尝试找出他们一项优点。

老师的班规

言教不如身教之易于感人。

——梁章矩

开学初，与中一级学生协商班规，我要求他们提出十项守则，反应热烈。他们争相举手回答，内容尚算合理。十项守则：包括上课时不准离开座位、吃东西、玩耍、睡觉、看漫画；不准当众挖耳孔、鼻孔；不准大声打呵欠、喷嚏；不准讲粗口、打架、抽烟。

"不公平！"有学生提出抗议："学生有守则，为什么老师却没有？班规为什么只限制学生？"我觉得抗议得有道理，于是亦请他们提出老师应守的班规。哗！反应更热烈，七嘴八舌地说个不停，十项守则很快就制定好。"不准侮辱学生！""不准冤枉学生！""不准拿学生发泄！""不准收买学生！""不准恐吓学生！""不准给太多功课！"这六点很合理，但其余四点却值得商榷："不得罚留堂！""不准压堂！""不准罚抄！"我提醒他们，这三项要求太过分，我修订为"不得无理罚留堂""不准压堂太久""不准罚抄太多"，他们也表示赞同。最后一项是"不准偏心"，他们提得有道理，但我告诉他们，我只能尽量而为。

我又在预科班的通识教育课堂上，要学生分组讨论"你喜欢的老师具备什么条件?"并要求他们把答案写在黑板上。十五分钟后，答案出来了，大致可分为下列五类：一、教学态度；二、教学能力；三、对学生的态度；四、处理学生问题的能力；五、个人修养。

同学提出的条件当中，有责任心、备课充足、有耐心是属于"教学态度"；教学技巧好、生动、有趣，是属于"教学能力"；关心学生、对学生亲切、奖罚分明、不偏心是属于"对学生的态度"；能够控制秩序是"处理学生问题的能力"；至于学历高、不断进修、有良好品德、能够成为学生榜样，是对教师"个人修养"的要求，不一定与教学有关。

教师对学生有要求，学生对教师同样也有要求。符合教师心意的是好学生；满足学生合理要求的，是有专业水平的好教师。

个人反省

* 在上文中提到的五个方面，你认为自己的表现如何？试为自己评分，也邀请一位你信任的同事给你评分。

具体实践

* 尝试在班上进行类似文中的活动，看看得出的回应是否相近。

你的补充

师不师，师哉？

> 觚不觚，觚哉？觚哉？
>
> ——《论语》

阅读近百份高中生参加敬师运动征文比赛的稿件，其中"尊师重道的我见"一题，学生的观点两极分化，泾渭分明。下面略举数例。

"每一位老师都值得尊敬的。每一位老师都曾经为学生努力过，都有值得学生学习的地方。""他们默默耕耘，像热血战士。""老师用心备课，悉心教导，循循善诱……""他们不厌其烦的叮咛，孜孜不倦的教导，用心良苦的训勉，都是出自那份伟大的、无私的大爱。""他是我脚前的灯，路上的光。"……我称为温情敬师派。"'尊师'的原因是'重道'，老师'无道'还应该尊重吗？""老师之中也有浑水摸鱼之辈，有些老师整天游手好闲，工作懒散，上课讲股论马，下课看娱乐杂志，放学后凑够人数打麻将。这些老师值得尊敬吗？""《论语》说：'觚不觚，觚哉？觚哉？'觚没有了棱角，就不再是觚了。做老师也有做老师的责任，如果老师不尽责，我们也要问：'师不师，师哉？师哉？'"……我称为冷静批判派。

温情敬师派和冷静批判派都反映了事实的一面，以偏概全，也反映出教师队伍成分的复杂。

如果把表现不佳的教师都视为心术不正，是把现实简化了，也有点泛道德主义。我认为，除了部分心术不正的人外，起码有下列因素令教师表现不佳：能力不胜任，训练不够；学校行政效能低，人事混乱冲突多；课程过挤、太深、不实用、没趣味，增加教学困难；教师工作量太大，每班人数太多，增加改善教学的难度……

医生、律师、会计师都有专业公会，负责监察业内人员的操守；近年教学界亦有人倡议成立教师公会，政府也成立了教育人员专业操守议会，目的就是要保障教育人员在操守方面的素质，把心术不正、行为不检的教师，以专业的角度评议及惩处。

一个视教学工作为专业的教师，除了端正其心之外，还要具备克服重重工作困难的知识和技能。如果能够与同行一起，合力改革教学环境、校政、课程等，为学生提供较佳的学习条件，将会为社会带来更大的福祉。

个人反省

* 你认为自己的教学态度、知识和能力已达专业水平吗？

* 你认为有必要成立教师公会，以监察业内人员的操守吗？为什么？

具体实践

* 翻阅《教师专业守则》，看看自己有没有触犯其中的条规。

乱局中自处之道

先做好本分，

是适用于任何时局的真理。

香港教育千疮百孔，问题出在哪里？谁应该负责？

十月一日石镜泉在《经济日报》说："抓教育先抓校长"；十月二日香港教育学院院长说香港要尽快成立"教育专业议会"；十月四日钟期荣校长在《明报》说香港教育的症结是："香港教育欠缺目标，完全基于愚民政策及精英政策。学生读书只为考试，考试为博取优异成绩……"发表议论的人很多，议论的文章足以塞满一大间资料室。

是资源不足？是教育署窝囊？是校长的行政效能低？是教师的专业能力和操守不足？家长短视？学生素质差，政策错误？……能够找一个替罪羊出来被众人大骂一顿，再凌迟至死多好。但几乎所有议论到最后都发觉牵一发会动全身，局势不易处理。绝大多数议论都会由具体事件开始，抽象概念终结。

百病丛生，群医束手。要医好病者，一个医生已经足够。久病未愈，是由于群医中没有华佗、扁鹊，或病者所患的病症，超乎现时医术发展的水平。

那么，教师该如何自处？"穷则独善其身，达则兼济天下。"首先把教师的自留地——教室——的工作做好，管好学生，教好书。在教室中外望，有时能够看到高空鸟瞰见不到的景致。

任何教育政策如果不能进入教室，令学生受惠，都是空谈。没有人比一线教师更了解学生学习的实际情况，因为所有课程和政策等，都要化为教师在教室内的教学活动，才可以实现。

宏观的政策，抽象名词的理论，有时难辨其真假对错；但学生的喜怒哀乐，笑声泪光，却是我们进行判断的最好指标。教师是学生的领航员、护航员，做好教室内的教学工作，总不会错。

个人反省

*你认为近年提出的教育改革，哪些是学生可以受惠的？哪些是学生无法得益的？

*面对一浪接一浪的教育政策浪潮，你采取怎样的自处之道？

具体实践

*翻看近期任何一本关于教育政策的报告书，并与同事交流彼此的意见。

你的补充

积极归因与教师强化

积极的人会归因于可以通过努力而改变的原因，
消极的人会归因于人力不可及的原因。

发生师生冲突后，我们应怎样理解冲突的原因，制定应变的策略？

如果把冲突归因于教师，我们会加强教师培训；归因于学生，便会针对学生做辅导、训导、隔离或转介等工作；归因于师生误解，便要加强沟通，营造和谐的气氛；认为资源不足，便要争取资源……

师生冲突的原因非常复杂，大多数是难以简单地判定其是非对错。积极的人会归因于可以通过努力而改变的原因，消极的人则归因于人力不可及的原因。教师如果只想寻找心理的舒服，不愁找不到漂亮的躲懒借口。

不过，有些师生冲突的归因是违反教育原则的。例如：一、把师生冲突归因于普及教育，从而主张恢复精英教育，把行为劣、成绩差的青少年，排斥在学校门槛之外。二、把师生冲突归因于少数个别顽劣学生的罪恶本性，视为"无药可救"，认为只要把这少数人关起来，学校便太平无事了。

在众多师生冲突的归因中，对改变现状最有积极意义的，是指出教师尚未掌握管理学生纪律的能力，以及未有所需的知识和情操。

20世纪90年代的教育大环境发生巨变，时过境迁，但很多教师的专业水平仍然停留在70年代。拿起课本，凭着已有的学科知识，走进教室就教学。不研究和试验教学法，未掌握学生的学习规律，对青少年的心理毫无认知，对课程不善所引致的后果未有理解……除非他们任教第一组别的学校，否则必定被教室中野性未驯的学生弄得焦头烂额，身心疲惫。

今天的政府要凭借实力应付危机，解决民生问题，才能够免遭批评指责；教师亦要显示教学专业的实力，才能够赢得学生的敬爱。如果随意找个具有大专学历的人来就能够代替教师的话，我们的师资训练就毫无意义了。

课程是书面的文字，教师可以按每班的个体差异剪裁和修订；众多教学法就像十八般武艺，各有强项弱点，关键在所要达到的目标。学生是待教育、待改变的对象，改变他们的主脑是教师。

个人反省

＊你最近有没有跟学生发生冲突？没有，是什么原因？有，你当时怎样归因？

具体实践

＊你校的校方通常对师生冲突怎样归因？试略作调查，并将结果与自己所作的归因进行比照，看看有何异同。

天津的师德建设

能够自律的人，能够不断自我改善的组织，才算成熟。

天津教师的敬业精神很高，课程发展议会考察团的成员都有同感，他们的教育局局长亦引以为自豪。他告诉我们一件事："有个老师征得家长同意，把孩子带回家里教，跟自己一起生活，分毫不收，结果孩子的成绩大大进步。""你们有什么法宝来提高教师的敬业精神？"我问。"第一，我们坚决规定教师一定要坐班，在指定的工作时间内要留在岗位。第二，我们十分重视教师的继续教育，每个教师升职前，一定要在职进修一年。第三，校内有很多针对教师继续教育的活动，以提高教师的素质。第四，我们天津市有一个中、小学教师思想品德研究会，经常就怎样提高师德向教育部提供意见。"他答道。

内地教师所说的师德，香港教育界称为教育专业操守。与天津的师德建设比较，香港教师的专业操守情况如何？

社会人士要求教师的道德水平比一般人高，是因为教师的言行会深深影响他们的学生。但在价值多元化的香港，无形的社会舆论压力，对教师的约束力甚为微弱。学校招募教师时只考虑学历而少顾及品德；师范和学校的教师培训活动绝大多数是以提高教学的专业知识和能力为主题，很少着眼于如何提高教师的专业操守。香港教育界目前有一份《教育专业守则》，但内容的指导力不足，而且未经业内广泛讨论和信守；我们有一个"教育人员专业操守议会"，但它没有独立的法理地位，又缺乏人力和财政的支援，掣肘甚多。

香港特区政府已经决定成立"教学专业议会"——以前称为"教师公会"（类似医生、律师、会计师等专业人士的公会）——它的工作重点便是要提高教师的专业素质，包括知识、能力和操守（情操）。但业内对该组织的反应未见热烈，只有负责的政府部门和少数业内"有心人"热衷于筹组。

其实，合格的教师必须在专业知识、能力和操守这三方面具备一定的水平。因此，今后师范教育应加强教师专业操守的培养和训练，校内的教师培训活动亦应该重视教师专业操守的持续和发展。希望借着这些训练和活动，能把教师专业化推进一步。

个人反省

＊除了法律之外，你认为教师的言行应受什么制约？

你的补充

Ⅱ 专业违操

"吃老本"的日子

没有追求的人，很快就会消沉。

——卡莱尔

有经验的教师是否仍然有教学活力？是否有专业精神？其中一个重要指标，是"吃老本"的时间占多少总教学时数。"吃老本"，就是沿用旧教材、旧教法，没有为眼前的教学注入任何新的元素。

新入行的教师都要为备课花大量时间，教学不一定要有详尽的书面教案，但教学大纲总要有。什么话题可以引起学生的兴趣？有什么教具可以用？怎样深究主题？怎样令课堂教学有活力？……完全无准备便入教室的天才表演，是很困难的。新被安排教预科班的教师，没有不为备课而叫苦连天的。

教了十年八载之后，教师累积了一批教学笔记，一堆教具，有一些自认为行之有效的教法之后，再踏入教室时，胸有成竹，心理压力减轻了。即使进入教室前没有备课，也可以沿用旧教材、旧笔记、旧教法。有些教师认为既然某种教材教法经"实践"证明有效，何必要变。到了旧方法在新环境中遇到困难时，有些教师还指责学生"不知所谓"，慨叹学生"一代不如一代"。

教师教学时"吃老本",教学的质量不一定低,但肯定没有进步。这个时候,是教师的教学态度最容易变质的关键时刻!

用心备课才教书和不用重新备课仍然可以教书,两者之中,如果教师选择后者的话,它会有惯性作用。教师的惰性会愈来愈严重:"吃老本"、再"吃老本"、继续"吃老本",不久就僵化。起初只是一两节课如是,继而是一两科,最后便是全面"吃老本",还以资深教师自诩,故步自封,自鸣得意。

不思考新的教学法,不加入新的教材教具,不研究不同学生和不同班别的差异,一本教学笔记走天涯,下一步会怎样?

个人反省

* 你教学上"吃老本"的时间占多少总教学时数?
* 你一直沿用的教材教法,是否真的切合每班学生的需要和能力?

具体实践

* 试绘制一统计表,看看自己吃老本的时间占多少总教学时数?若超过一半的话,请为自己的"老本"注入一些新元素。

你的补充

讨厌怎样的老师？

以人为鉴，

可明得失。

——李世民

令学生讨厌的教师，无法教好学生。学生讨厌某位老师，有时连对他任教的科目也不感兴趣。因此，要提高教育专业能力，就不能做个被学生讨厌的老师。

一次，在预科的通识教育课堂上，我要学生分组讨论："你讨厌的老师有什么特点?"并让他们把讨论的结果点列出来，写在黑板上。经整理后，得知他们心目中的讨厌教师，有以下几方面特点：

一、教学态度方面——懒惰，经常缺课；教学马虎，不备课；教学不认真，敷衍了事。

二、教学能力方面——教法呆板、沉闷，只管照本宣科；功课太多；不懂教学技巧。

三、对学生的态度方面——霸道，学生没有发言权；偏心，厚此薄彼；不肯听学生的改进意见；态度嚣张；强词夺理；赏罚不分明；用言语侮辱学生。

四、个人修养方面——喜欢炫耀自己的才华；学识浅陋；假公济私；

衣着外观不整洁；滥用职权。

上述内容虽然不算详尽，但基本上勾勒出不受学生欢迎的教师的特征。

当我以班主任身份见家长时，不时会听到家长投诉某某教师，有时更列举出他们认为老师不当的言行，我经常无言以对。学校是我主要的工作环境，我对此认识比他们多，感受比他们深，厌恶之情也比他们深切！

"不过，学生的说话也不一定能够尽信。他们所说的差劲老师，或许是教学方法不合他们的心意，他们未习惯罢了！即使老师真的有他们所投诉的缺点，起码在目前，是不容易改变的。我建议大家转换一个角度去看。如果教贵子弟的十个教师中，有两三个是他们很喜欢的，有四五个是他们接受的，那么，即使当中有若干个不合他们的心意，也算合格吧！家长不妨建议子女，珍惜他们喜欢的老师的课堂，加倍认真学习，吸收更多知识……"

个人反省

＊你有没有上文中提到的令学生讨厌的缺点？

具体实践

＊与几个比较成熟的学生交谈，询问他们对你教学的评价。

你的补充

抓 小偷意识与梁上君子

人谁无过，过而能改，善莫大焉。

看见警队押送叶继欢和张子强等悍匪上法庭时如临大敌的阵势，会令很多青少年暗地里向往做大盗。

有少数香港警察捉住悍匪时，心惊肉跳，手栗脚战；与此相反，抓住小偷时，便会随意打骂，大肆凌辱。部分低素质的警员，在枪弹横飞的旺市，只会躲在一角瑟缩；但揪住小偷时却将他们扯到小巷，拳打脚踢，好不威风。我称这类警察败类的表现为"抓小偷意识"。

教师群中也有类似"抓小偷意识"的表现。遇到动员力、破坏力、捣蛋力强劲的顽劣学生，不要说直接训导他们，有时甚至害怕他们，唯恐回避不及，只会在背后声讨他们、咒骂他们。当遇到反击力弱的学生犯错，却把所有对顽劣学生的不满抖出来，发泄在他身上，骂他、罚他，甚至戏弄他，情况就像顽劣学生抓住怯懦老师在堂上不慎说错一句话般，做出一个失态的动作，取笑老师唯恐不及。

抓住学生偷窃，发现学生吸食迷幻药，捉到学生在厕所赌博，证实男生女生在礼堂幕后拥抱爱抚……哗！有新闻！独家消息。不久，全校皆知，学生就像犯了弥天大罪般等待判刑。这种"抓小偷意识"不但不会教好学生，反而令他们反感。有专业精神的教师该知道，教师知悉学生有越轨行为时，仍须保护他们，并设法协助他们重回正轨才是。

我记起"梁上君子"的故事。东汉学者陈实德高望重，某日在家中教儿子读书修养，发现有小偷躲在屋梁上。他没有大惊小怪，还故意向儿子讲人生道理，借此教诲屋梁上的小偷。后来陈实还把小偷请下来，原谅他的过失。据说这个"梁上君子"被陈实打动，洗心革面重做好人。陈实的做法，实在值得教育工作者借鉴。

古有名训："人谁无过，过而能改，善莫大焉。"有抓小偷意识的教师既忘记自己有辅导学生迁善改过的责任，也不懂得青少年在成长过程中难免犯错是正常现象，欠缺专业教师应该有的知识和态度。

个人反省

* 你有没有本文所说的"抓小偷意识"？如果有，请你反省一下自己的教学专业知识和态度。

具体实践

* 细心观察你的同事，看看他们有没有本文所述的"抓小偷意识"。如果有，尝试与他坦诚交流意见，改变他的想法。

"发脾气"教师考验校长

教师"发脾气"是将他人及团体的应有利益，
掠夺为己有的盗贼行为。

　　教师害怕粗暴流氓的男学生、卖弄风骚的女学生，更害怕言辞狠毒、乱发脾气、态度蛮横的同事。一天，与胡君一起到某校为教师培训日讲课，与该校校长及几位教师午饭。胡君问校长："如果有些教师'发脾气'，要求只教某些好班、减少课节或某些事务，另一些老师则没有向校长施压，任由校长安排工作，校长会否迫于压力向'发脾气'的同事让步，而漠视其他同事的权益？"校长虽然没有正面回答，但我发觉几位该校的老师都微笑，似有会心。

　　流氓学生知道，发横可以欺负胆小的同学；横蛮教师亦知道，发横可吓怕胆小的同事、校长，他们因而可获得不应有的特权。教育专业对他们来说是蠢人傻话，个人的特权实利才是最可靠的。

　　校内若有横蛮教师，整体教师士气都会受到打击，难以发挥工作积极性，更不必说什么团队精神了！有横蛮教师的学校，教师经常会因为工作不愉快而萌生去意，他们既讨厌那些同事的流氓言行，更不满纵容这些行为的校长。

　　教师管学生，校长管教师；学生易教，教师难管；做好教师难，做好校长更难！学生要求教师有秩序管理的能力，对学生公平；教师对校长的要求相似。教室有顽劣学生，校园有无理取闹的教师。顽劣学生中有暴力倾向的，教师最畏惧；无理取闹的教师中有攻击性的，校长怕得要死，退让唯恐不及。

男的似流氓烂仔，女的似骂街泼妇，在校长室中死缠到底，在会议上出口伤人，在校园内兴风作浪，撩是斗非。已升职的视既有的特权为理所当然、与生俱来的，不用再付任何代价，并千方百计把特权向四方八面伸展；升不了职的像校长欠了他巨款未还，怨气满地，怒气冲天，并把怨气怒气向无辜的同事和学生发泄，殃及池鱼。如果已经升职的和升不了职的横蛮教师双剑合璧，"倚天""屠龙"一同出鞘，学校又怎会是教育的地方呢！

学生归教师管，教师由校长理，这是考验校长能力和素质的试卷！

个人反省

* 教师为什么会变得态度蛮横、无理取闹？这是学校的客观环境造成，还是教师的个人修养问题？

具体实践

* 试就"如何应付横蛮教师"为题，向校长献策。

你的补充

投 其所好与任意妄为

教师的言行深深地影响学生。

部分传道人在劝说的过程中，经常为了迁就听者的水平或处境，便会用听者听得懂、喜欢听的说话表达。但如果迁就过度，就可能丧失了原本传道或讲学的意义。

四百多年前，利玛窦来华，为了令中国人容易接受耶稣，他用中国的经书概念去解释《圣经》，例如指《诗经》中的"天""帝"就是上帝，又认为祭祖、祭孔不算是拜偶像。后来多明我会向教廷举报，教廷正式下令禁止这种传教方式，认为有违教义。

有些教书人为了吸引学生听课，竟然靠品位低俗的内容投部分学生所好，只说容易煽起学生情绪的内容。例如讲历史时，抛开正史讲野史，而且夸张故事中的非理性内容；又例如不讲书，偏讲鬼故事、江湖传闻、校园八卦消息等。

有学生说："老师说李世民在玄武门之变中，杀死自己的哥哥和弟弟，连子女都全部杀光，又逼迫父亲李渊将帝位让给他。他说，做人要成功，一定要心狠手辣、不择手段，要奸狡才会成功。"又有教师在课堂上大谈炒股票的心得，甚至扬言："炒股票才可赚钱维生，教书只是消闲的副业而已！"

过去，社会人士对教育工作者有较高的道德要求，形成法律之外的道德压力。教师在学生面前，觉得有许多事情不应该做。今天，在价值多元化的香港，除了警察和法院之外，对教师的"社会无形压力"只对部分有操守者发生作用。

人们对教师有比较高的道德要求，是因为教师的言行深深影响下一代。在价值多元化的社会，在微弱的"社会无形压力"和容易回避的法制力量之外，还需要有教学专业团体的监察，规范教师在教室内外的操守。

个人反省

* 你认为这种"投其所好"的教学方法，可以达到理想的教学效果吗？

具体实践

* 试在一些师训班上跟同事讨论利玛窦在华的传教方法，或播放那段《古惑仔》片段给大家看，研究一下这种"投其所好"的传道方法（教学也是传道之一）的利弊。

投鼠不忌器的教师

爱孩子的人不会做出伤害孩子的事。

依稀记得一个故事：两个女人争婴儿，都说是自己的骨肉。国王心生一计，说谁抢得婴儿表示谁更爱婴儿，那婴儿就是谁的。女人甲大力拉扯，把婴儿扯到手，以为自己得胜。但国王说："哪有母亲不顾孩子的死活而大力拉扯？因此女人乙才是婴儿的母亲。"虽然这位国王没有法治精神，但故事却传达了一个重要信息：爱孩子的人不会做出伤害孩子的事。

近来听到不少学校人事倾轧的故事，很不是味道，其中最感不舒服的，是人事倾轧的双方，都完全不理会学生受到的伤害。更有甚者，有些教师竟然利用学生作为自己的工具，去攻击自己不喜欢的同事，简直卑鄙！

某校的主任得到校监发出的"密令"，要制造开除校长的借口，改由自己的亲信接任。于是，这位主任便经常找机会与校长冲突，并且不惜在学生集会的场合，用扩音器说出令校长难堪的话。

有学生被训导主任严惩，班主任不断为学生求情，替学生说好话。但班主任愈紧张，该生却愈麻烦。后来有教龄较长的同事对班主任说："训导主任针对的不是学生，是你。你越紧张，那个学生就会越麻烦。"后来班主任故意冷淡，事件真的很快了结。

也有做训导的，竟然教唆顽劣学生在某同事的课堂上捣蛋滋事，暗示即使出了事也会"保护"（包庇）他。这样做的主要目的，就是要让众人知道，该老师管理秩序不善。

亲眼见过、亲耳听到的例子还有很多很多，尽是令人不寒而栗的个案。人性丑恶的一面，真让人心寒。

香港教育界应该有一个整顿教学人员专业操守的组织，但"操守议会"缺乏法理地位，亦没有行政权；"教学专业议会"（旧称"教师公会"）的筹备工作又进展得十分缓慢，未能满足现实的需求。至于教育署方面，又说为了办"优质教学"而在未来实施"简政放权"；如果放权之后便"无为"、纵容的话，很多学校的发展反而会与"优质教学"的目标背道而驰……看来，暂时要令教学人员遵守其专业操守，除了靠家长和舆论的监察外，唯有靠他们的良知了！

个人反省

*扪心自问，你有没有在学生面前说同事的是是非非？或者利用学生以谋私利？

具体实践

*向资深的同事请教，问他你认为校内教师利用学生谋私的情况是否严重。

成绩表评语见好恶

评论学生应具建设性。

——《香港教育专业守则》

有一年收取预科生时，在某生的中五成绩表评语栏中，竟然看到有一句："该生有反社会倾向。"由于他选修的科目与本校开设的差别很大，最后我们也没有取录他，但这句评语令我很不舒服，长期收录在我的心中。

写学生评语是班主任的职责，也是一种权力，可以影响学生给别人的印象。有部分马虎的教师，只会抄些可有可无的语句了事，有些则以鼓励的话语为主，有少部分却利用评语栏来发泄对学生的不满，公器私用。

有一个大学刚毕业便就任的教师，被安排担任预科班的班主任，与学生年纪相差仅四五岁。由于他年少气盛，与班中部分学生的关系搞得很差。有些学生故意不上他的课，有些则视他不存在似的，上课时只管交头接耳，做自己喜欢的事……

毕业试后，大半学生的成绩表内，都被写上非常负面的评语。其中一张说："没有礼貌、经常缺课、上课极爱讲话，对上课听讲的同学造成滋扰。不成熟，宜多为他人设想。"另一张说："这学年与某些同学多交往后，上课时渐渐不集中精神，且容易被身旁的同学影响情绪。如果能够小心交友，成绩才会进步。"

这位老师说的可能都是"事实"，但只描述学生上他的课时的情况，以及只说出自己对学生的观感，而忽略了学生上其他课时的情况，以及其他老师的观感。还有，即使很多老师抱有相同的意见，成绩表的评语仍然不宜这样写，因为在《香港教育专业守则〈对学生的义务〉》中提出："应避免使学生难堪或受到羞辱。"校方知悉这些评语后，决定用行政干预，由其他任教这班的教师，分别改写些内容比较正面的评语。

据我所知，有些学校劝喻一些顽劣学生离校时，会向家长提出这样的条件：如果家长愿意让子弟自动退学，校方可以把成绩表上的大过、小过和缺点取消，或提高操行级别等等——这是以教育为专业的人应该做的吗？

个人反省

* 你为学生写的评语主要属于哪一类？马虎了事，正面励志，负面批评，还是其他呢？

具体实践

* 向一两位资深教师请教写评语的学问。

你的补充

拾遗不报与播三级片

一个专业教育工作者应尊重法律及接受社会的行为准则。

近年来，教师犯法的不光彩新闻似乎特别多，真不是味道！

三十多岁的男教师，以教协会员证冒充警员证，把一名十四岁女童带到暗角，借机搜身非礼。女童不甘受犯，奋力抵抗，最后幸得旁人之助，把该名男教师送警。又，三十多岁男教师与十五岁女学生闹师生恋，警员发现二人在车上发生性行为，把教师送上法庭。

以上事件跟教师体罚学生被控告等的个案不一样。后者是教师在执行职务过程中拿捏分寸欠准，处理失当所致。虽然犯法，但谁是谁非，仍然有争议。但上述案件中教师所犯的，都是很卑劣的刑事罪行，没有狡辩的余地。他们的表现根本不配做教师！

如果类似事件经常发生，教师便难在校园立足，社会地位将严重下降。

预科学生做通识教育科的剪报习作时，有些喜欢选录大新闻，有些却偏爱有特色的小事。这一次，收到两则挖苦教师的剪报，我故意拿出来与学生讨论。

第一则是某中学教师在店铺内拾得钱包不报案，还拿钱包中的戏票去看电影。警方在电影院里埋伏并拘捕他。最后，该名教师被受到罚款二千五百元等处罚。另一则是芝加哥公立小学一名教师上电脑课时，竟然向二十名十岁的学生播放三级成人电影。当局仍未决定采取什么法律行动。

我邀请二十名同学暂时充任"教学专业议会"的委员，要他们决定是否取消该两名教师的教学资格。结果二十人委员会的决议是：以十一票赞成九票反对，取消拾遗不报教师的教学资格；对在课堂上播三级电影的教师，则以十九票赞成一票反对，同样取消教学资格。

同学的意见是：拾遗不报的教师未必不擅教学，而且他的私德虽然差，但只要不损害学生便算了。但在课堂上播三级电影则是直接加害学生，难以接受。

个人反省

* 对于文中提到的两件案，你会投什么票？为什么？

具体实践

* 每个人对教师的道德要求都不同。试找机会与校内的同事交谈，比较他们之间价值观念的差异。

你的补充

师生恋应该禁止

爱情是容不得不平等的。

———沃罗比约夫

美国发生师生恋案，十三岁男学生与三十五岁女教师发生性关系，女教师产下女婴。法院裁定女教师"强奸儿童"罪名成立，判监半年。

我们很难评论"爱情"，因为它太神圣；任何真挚的爱情都应该受尊重。但现实上，社会需要设立禁区，因为难以驾驭的爱情，可能会动摇社会的稳定。上述事件中教师与学生发生性关系，犯了刑事罪，法庭依法判罪是理所当然，但如果师生恋中未有发生性关系，不触犯刑法，教育界是否应该在法律之外，对教师有额外的专业要求？

香港现行的《教育条例》《教育则例》《教育专业守则》中，未有任何关于师生恋的条文，但师生恋的事却不时发生，有些还后果严重。谈师生恋的教师，很多未意识到自己的做法是不妥当的；知悉其事的同事，也很少觉得自己有责任就这段恋情采取任何行动。

我们知道，医生不能跟自己的病人谈恋爱，心理辅导员与被辅导者、神父与忏悔者，都不能谈恋爱，因为双方是处于不平等的关系。前者可以在毫无监管的情况下，利用职位所赋予的权利，做出对后者极为不利的事，或做出有违公平原则的事。

我认为教师与学生的关系，与上述的情况很相似。

学生的心智、情感发展尚未成熟稳定，需要接受指引。负起指引角色的人选，正是教师。即使不是辅导组的教师，对学生的言行仍然有指导的责任，模范的作用。教师比较容易乘虚而入；与学生发生恋情，成功机会很大。教师与学生发生恋情之后，在教学、评考等工作上，很容易发生不公平的现象，亦容易因感情波动影响教学工作。

因此，我认为师生恋应该预防和禁止。教师不宜主动挑起师生恋；即使是学生主动，或者未知何故出现，教师也应该拒绝师生恋，直至师生关系终结为止。又，当教育工作者发现校内出现师生恋的情况时，在可能范围内，应该协助当事教师知悉事件的影响，并疏导当事人，防止不良的后果发生。

个人反省

* 你赞成师生恋吗？

* 你认为教育当局应否立例禁止师生恋？为什么？

具体实践

* 以"教师与学生不应该谈恋爱"为题，在班上进行辩论，借此契机将师生恋的害处重申给学生知道，让他们对这个问题抱有正确的认识和态度。

铁饭碗还是泥饭碗

只有订下广被接受的守则，以及设立具有公信力的组织，劳资双方的利益才得到保障。

香港教统会委员田北辰在一个"优质学校教育"座谈会上演讲时，有校长指出学校很难辞退教学表现不理想的教师，在此情况下难以提高教育质量。田北辰亦认为教师职位似"铁饭碗"，这正是它吸引人的原因之一。根据香港教育署的资料，1995 年全港约有 3.9 万名公费中、小学教师，当中只有 6 人被解雇，百分比为 0.0015。此数字与商界有天壤之别。

"教协"成立以来，在保障教师职业方面做了很多工作，以致学校的管理层在处理校内人事问题时诸多顾忌，畏首畏尾，因而容易对工会产生成见，认为它"包庇"工作表现差劣的教师。"教协"中人曾表示，在劳资冲突中，如果错在教师，工会是不会偏袒教师的，只要依法处理便可。

事情总是没有绝对的。在同一个教育圈子里的另一角，却有些行政人员非常"精通"于办公室政治，可以"随心所欲"地开除他们眼中的"教学表现不理想"教师。我认识一位校长，她到任后两年，主任级的旧人几乎全部辞职，使她得以重组一个能够如臂使指的行政层。我不知道她用了什么方法，但可以肯定的是，法例之外，确实存在着一片很大的灰色地带。

某次到顺德和广州观课，新学了"富余"一词。经校长多番提醒和协助，某教师的教学情况仍未有改善时，校长可以把该教师安排到一个无须教学的清闲岗位上，称为"富余"，是一种带有强烈权术味道的行政手段。香港有些强权跋扈的校长、校监，甚至用上很不光彩的手段去除"眼中钉"，再安排自己的亲信任要职。学校高层恃势凌人的情况，时有所闻，这亦不是健康的现象。

在目前情况下，教师职位到底是"铁饭碗"还是"泥饭碗"，还得看学校管理层与教师两者之间，哪一个的"拳头"较硬。但不论谁胜谁负，对教学而言，绝非一件好事。

我们期待一本广被接纳的《教育专业守则》，以及一个具有公信力的"教学专业议会"出现。只有这样，才能够对提高香港教师和非教学人员的操守，起到正面而积极的推动和监察作用。

个人反省

* 你有否恃着教师职位的"铁饭碗"性质，而做出有违教学专业操守的行为？例如教学态度马虎便是。

具体实践

* 阅读《香港教育专业守则》及"教学专业议会"的文件，向教统会提出你对香港成立教学专业议会的意见。

Ⅲ 教学增值

上好课的八项控制

备课好比作战时的参谋和后勤，
授课就像在战场上拼搏。

教师要备课，备课要花很多时间。但是备好课不一定就能够教好书！备课好比作战时的参谋和后勤，授课就像在战场上拼搏。作战时能否依据原定计划进行，虽然受着天时、地利、人和等因素影响，但起码也要控制好八项因素。

第一是情绪控制。消极方面，是要消除损害教学效率的不利因素；积极方面，是要把学生的情绪引导至积极的学习状态中。除了管理各种类型的顽劣学生之外，还要营造学习气氛，令缺乏学习动机的学生产生学习兴趣。

第二是定向控制。有些教师授课时只注意完成课程和进度，未从学生的角度去考虑要达到什么目标。学生应该从教材中学到什么，教师应该心中有数，并且要掌稳这个舵。

第三是定量控制。教多少？进度如何才适合这班的情况？教师长篇大论或轻易省略都不好，"教师讲"和"学生练"的比例分配要有计划。"精讲多练"一般被视为较可取的做法。

第四是尺度控制。从什么程度教起？教到什么程度？每班学生的实际情况有异，不宜"一刀切"，要因地制宜，小心拿捏。

第五是力度控制。详略深浅怎样分配？很多教师都嫌教学时间不足，希望增加节数。其中一个原因，其实是教师教学时未能掌握详略深浅的分配，往往将该简略的地方详讲所致。

第六是节奏控制。快慢、疏密、难易的课题怎样间隔？没有节奏的音乐是噪声，不考虑节奏变化的课堂是闷局，它只会令学生感到乏味，容易生厌。

第七是过渡控制。不同主题之间怎样过渡？过渡得好，条理清晰，学生印象深刻，对理解和记忆都有帮助。

第八是超常控制。怎样用"异常"的手段，令学生加强理解和加深印象？例如：教师以课文的内容为依据，做出令学生感到新奇有趣的言行；又，教师在黑板上用极大的字体，写出必须学生牢记的数字、公式等。

上述八项控制，是根据 1997 年夏天，在秦皇岛听宁鸿彬老师演讲所得改写而成的。

个人反省

* 上述的八项控制，你能做到多少项？

具体实践

* 找一节你感到比较满意的课，以上述八项控制的内容来分析该节课的教学
  情况。

怎样上课算优质？

教就是为了不教。

——叶圣陶

秦皇岛观课团中有一位教英文的黄老师，她做的观课笔记是团中最详细的。她在"怎样上课算优质"这个问题上，给我不少刺激。她提议有心改进教学的老师，要了解自己教学的特点："把自己上课的过程录音，然后把录音制成文字。"我说："重听已经足够了，写出来不是太费力气吗？"她不同意："用文字重写一次，能使自己对教学过程和特点，思考深入很多。"

我问："研究自己的教学特点有什么目的？"她说，在教学过程中，如果教师能够自觉地让学生成为学习的主体，能够积极训练学生学习的方法，这才是好课堂。如果教师在教学过程中"输入"多，学生"参与"和"付出"少，即使课堂气氛良好，学生的得益也不一定大。

在秦皇岛共观了十一节语文课。马骉、傅冰冰的课被公认为学生反应最好，课堂气氛最活跃的，我相信学生亦学有所得。但黄老师说："这两节课都完全由教师带动；离开了教师，学生便无法达到这个效果。"她反而最欣赏安徽教师萧家芸的教法："他看似平淡无奇，但有板有眼，学生长期听他上课，一定能够掌握到学习的方法。"

在以前精英教育的年代，"教师教过"就算完成任务；在今天普及教育的年代，教师要令"学生学会"才算过关。在以前只有少数人有机会读书的年代，"有书读"已经比"无书读"高人一等；在人人有书读的今天，接受"优质教育"才算真正受教育。

"优质教育"的标志，就是"增值"，在德、智、体、群、美五育中的一项或多项上，有明显的进步。"增值"也有质量高低之别，"学生学会记住一堆信息"跟"学生掌握了一些学习方法"之间，后者明显比前者优胜得多。

教育家叶圣陶说："教就是为了不教。"他把教育比喻为教孩子学走路，今天扶孩子走路，就是要让他自己走路，不再要成人扶持。

当教师能够管理好教室秩序，令学生得到学习经验时，也不能忽略优质教育同样有质量差异，增值也有高低之别。

个人反省

* 授课时，你"输入"与学生"付出"的比例大概是多少？你满意这个比例吗？
* 你认为怎样的课堂才算优质？

具体实践

* 依文中黄老师所说的方法，研究自己的教学特点。

急冻冷藏与堂上温习

教育就是教师帮助学生养成良好的学习习惯。

——叶圣陶

有部分第一组别的学校，用密集的测验考试，两周一小测，每月一大测，以提高学生应试的能力。当学生应付不了这种密集的地狱式磨炼时，有些知难而退，有些被学校劝喻离校。这不是健康的教育，但为部分校长、教师和家长喜爱。

与这种应试训练形成鲜明对比的，就是"急冻冷藏"式的学习现象。

学生回家不做功课，功课都在学校草草抄完，甚至干脆不交。他们在上课之外的时间，都不会做任何与学习有关的事。当下课铃声响后，一切与上课有关的内容都被"急冻"起来，直到下次上同样的课时，他们才从冰柜中将这些"急冻内容"取出来解冻。教师不能假定学生已在家中温习好教过的内容，而是要假定他们回家后，完全没有做过任何温习、预习的活动，这才较符合真实情况。

最能够解释这种现象的成因，就是娱乐的选择太多。学生连睡眠的时间都被吃喝玩乐所侵夺，学校的功课算什么？这同时反映出另一些问题，就是家长欠缺与子女安排作息时间并强制执行的能力，以及学校对学生的奖惩机制愈来愈低效；还有就是教师的教学设计未能适应时代的变迁。

"教育"，是"帮助学生养成良好的学习习惯"。要教学有成效，除了在上课时使出所有"板斧"，吸引学生听课之外，还要设计一些活动，要他们在下课后仍存有一份工作的兴趣和压力。

除此之外，面对课程内容多，教学节数少的实际情况，教师每节课都要赶进度，可能根本无法再抽空与学生复习教过的内容。学生缺乏足够的复习量，使得新知识未进入长期记忆前便早被淡忘。这种"蜻蜓点水""水过鸭背"式的学习，注定教学低效或失效。

如果我们的课程比现在减少一半，如果我们的课程内容和教学方法能够以学生活动为取向，减少教师串讲，学生记诵的分量，教与学双方一定会比现在开心得多，教学成效大得多。

个人反省

* 你能否做到每堂课在开始教授新内容前，与学生重温上一节课的内容？若否，
 为什么？

具体实践

* 每堂课开始教授新内容前，用五分钟时间与学生重温上一节课的内容。

* 重新检视你任教科目的课程，研究哪些部分是普及教育下学生必须学习的，
 哪些是可以删去的。

课 程剪裁不可免

不管是什么课程，

只要学生学有所得的便是好课程。

教学工作有时像顺水推舟，有时像逆水行舟，甚至是激流抢滩。

第一组别学校内的学生大多主动自觉，懂得自学，只要教师稍作点拨指引，他们便可进步神速，是为顺水推舟。第二组别、第三组别的学生学习动力或能力较低，没有压力下不会主动学习，是为逆水行舟。第五组别学校内的学生完全欠缺学习动机，且情绪问题多，甚至具有破坏力，经常令教师处于戒备状态，工作量超重，但教学成效极低；如果处理不当，甚至会受伤，是为激流抢滩。

那天到香港航海学校分享教学经验时，与冯副校长谈到课程剪裁。他说："我要求老师大刀阔斧剪裁课程，不要太胆小。以中国历史为例，如果老师讨论过认为汉朝只有汉武帝的政绩最重要，那就只教汉武帝，其他都舍弃，例如东汉的戚宦之争便是。这段历史虽然很重要，但解说困难，学生难掌握，教了也没有用。勉强教，到头来教与学的都苦。"

我想起韩孝述以"教师教过"和"学生学会"为旧新教学观念

的分野；我又记起李志雄引述老师的话："如果学生学不到，等于教师未教过。"

香港的中、小学课程，都是以第一组别的优秀学生为目标编写而成，内容唯恐不丰富，完全没有照顾低组别学校学生的情况。教科书是依据课程编写的，最适合第一组别学生使用。课程和教科书送到学校，如果教师视为神圣不可侵犯的话，最终只会弄成教的辛苦，学的痛苦，教学成效低下。

我们的课程应该反过来，先为普及教育编写核心课程，再附加多元化的项目、模组，让组别较高的学校按实际情况选取教授，这样才更合乎香港教育的实际需要，但这是较为长远的事。当务之急，便是组别较低的学校的科务负责人，应根据本校的实际情况自行剪裁课程。一线教师最了解学生的学习实况，对教材的剪裁增删不宜视为"可免则免"的事，应该视之为"不可避免"的任务。不管什么课程，只要学生学有所得的便是好课程。

个人反省

* 你认为课程剪裁是"可免则免"还是"不可避免"？为什么？

具体实践

* 尝试为一些学习能力较弱的班级剪裁课程，看看能否提高他们的学习效能。

你的补充

背 书的乐趣和效用

适当地显露个人才华，
可赢得他人的敬佩。

每次我抓住时机，在讲课时背诵一两段诗文，或者很快速地列举出历史资料时，都会受到学生的注意和欣赏。"哗！阿 Sir 好厉害啊！"其实他们所谓的"厉害"，用精英教学时期的标准，是基本的要求而已。

"惜秦皇汉武，略输文采，唐宗宋祖，稍逊风骚，一代天骄，成吉思汗，只识弯弓射大雕……""滚滚长江东逝水，浪花淘尽英雄……""问世间，情是何物，直教生死相许……"中学生对他们觉得"有学问"的教师，易生敬佩之情，例如那些能够声情并茂地朗诵诗词文句的老师，他们便觉得"很有学问"了。

"有谁能够顺序说出清入关后的十个皇帝的年号?""顺治、康熙、雍正、乾隆、嘉庆、道光、咸丰、同治、光绪、宣统。""西汉有多少个皇帝?""高、惠、文、景、武、昭、宣、元、成、哀、平、子婴"……以历史科为例，很多史料是不必学生背诵的，但如果教师能够在讲课时流露出对史料的熟悉，可增加学生的信心和提高学习兴趣。

从学生的角度看，背书也有很多好处。

有会考班学生问我中文科应试的方法，我告诉他，多背一些比较精练的文章中的重要句段，尤其是古文和诗歌，并在适当时机引用在答案中，容易得阅卷员的欢心。一题多取一两分，几题积累起来便很可观。

我当年算是机智的考生，能揣摩阅卷员的心理。我想，一个懂得引用原文而不离题的考生，怎会不令阅卷员有好印象？

我中学时背书是被迫的，老师规定我们背诵每课古文和诗歌，上课时抽问同学，背不出的受罚。我每天上课前半小时，都拿着书本、对着窗外大声诵读，一段又一段，重复再重复，直到能够背诵为止。李白的《将进酒》、陶潜的《归园田居》很易上口，但杜甫的《北征》、柳宗元的《始得西山宴游记》却不易记下。但每当写作或讲话时能够随口引出一两句贴切的文句，便知道是背书积累的收获。

个人反省

* 你能否随口念出一些诗词文句，或说出一些与自己本科有关的课外知识或资料给学生听？

具体实践

* 每天要求自己背诵一两篇诗词，或记诵一两则与自己任教科目有关的课外资料或统计数字。
* 选取一些励志的诗词文句、歌词，要求学生背诵。

多 媒体教学的真义

教育是人影响人的工作，

电子科技不能代替充满感情灵性的人。

用电脑辅助课堂教学是近年的事，其优越性尚未完全发挥，其定位仍有待探索。但它一出现，其他媒体立即失色。

以往，教师会利用影片、录音带和录影带等传统教学媒体，来制造图片、声音和影像，提高教学效能。如今，这些媒体全可整合在一台小小的电脑中，并可同步播放出来，使用起来十分方便。此外，电脑能够提供的教学资源，比书本要多千百倍。解说某主题时，电脑可以立刻提供学生所需的前备知识，供应大量有助理解的图片、数据和文字。其可用程度之广，实在无法猜透。

信息科技教育发展迅猛，似乎成为教学能力和素质的新标准。习惯赶时髦的人急急装备新科技产品，唯恐落后于潮流。但新瓶旧酒，貌异心同，幼稚可笑，不但无法发挥信息科技教育原有的威力，反而成为部分人攻击的借口，批评电脑辅助教学只是将书本电子化的玩意儿，使之蒙上污名。

部分对新科技陌生的教师，容易产生一种直觉的疑虑："新科技产品虽然有强大的威力，但教育是人影响人的工作，冷冰冰的电子产品怎能代替充满感情灵性的人？"

其实以电脑为首的新科技产品，好比传统的教学媒体如录音机、电视机一样，同属教学工具一种，用以协助教师创造更有利的教学环境，而不是代替教师的教学工作。用电脑辅助教学，绝不等于师生间再没有沟通、接触，任由学生坐在教室里看银幕。用了电脑之后，教学内容设计应比以前更富趣味性，师生间的讨论亦应随着讯息量的增加而更加热烈。所以，不论是以往的传统教学媒体也好，现在的多媒体教学也好，教学内容的质量仍是取决于教师的"功力"和心思。主人依旧是教师，电脑只是一个能干的好帮手而已。

个人反省

* 你对信息科技教育有什么意见？
* 你应用电脑的水平如何，你有没有将电脑应用到教学工作上？

具体实践

* 遇上两个同级班别学习相同的课题时，尝试一班应用多媒体教学，另一班则沿用传统的粉笔串讲教学，比较两者在教学时间和效果上的差别。
* 如果你对应用电脑不大熟悉的话，尽快报读与电脑教学有关的培训课程。

你的补充

电脑教学脚本见功力

电脑永远取代不了优质的教师。

收到学生的圣诞卡和诉心声的信而欣喜的是好老师，因为这表示学生对他有好印象，但这并不代表他给学生教授了一些应该学习的东西。同样，利用教学软件，再配合电脑、投影仪等多媒体器材，把教学内容投射到教室的银幕上而感到高兴的是好老师，因为这表示他愿意努力改进教学质量，但他的电脑辅助教学是否有效，则有待实践验证。

部分对电脑应用有认识的老师，已懂得运用电脑技术，将本是一张张"死板"的笔记，转化成一个个图文并茂、声画俱备的活动电脑画面，仿佛是专业的程序编写员。不过，这样的软件不一定能够成为教室里有效的辅助工具，因为教学不是单求动态的画面和震撼的音响效果。

一套真正切合教学需要的软件，讲求的是技巧，不是花巧。画面的文字、画像、动画、声音，都要配合学习目标和教学进度，帮助学生理解和记忆。基本技术掌握之后，脚本才最见教学功力。

电脑辅助教学的脚本，就是学生在银幕上所见所闻的影音讯息。

如何安排讯息的先后次序？纯文字还是配上图片？配什么图最贴切？色彩如何？画面中不同材料的大小位置怎样安排？动还是静？什么音乐最相配，效果较好？时间延续多久？……在考虑凡此种种的烦琐问题前，教师首先要想清楚两个问题：一是这套软件的教学目标和重点何在？二是怎样的教学流程最能够达到目标？

内地一位特级教师告诉我，他们很多教学软件，是由年长的有经验的教师编写脚本，年轻的教师把脚本制成电脑软件，然后一起应用，互相观课。

电脑辅助教学永远取代不了优质的教师，因为无论声光影像多花巧，都要与教学课程、学习心理、学生水平等元素联结起来，才能够达至理想的教学效果。教学软件只是一件工具，能否将它发挥得淋漓尽致，最重要的，还要看教师的教学"功力"。

个人反省

* 当你编写教学软件时，有否事先计划清楚教学目标和流程等问题，还是只会沉醉于声光影像的设计中，做成"本末倒置"的情况？

具体实践

* 找两套与本科有关的电脑教学软件（自己编写的也可），试从教学目标、学习重点和教学流程三方面评分。

你的补充

电脑教学的革命浪潮

信息科技教育是一场移风易俗的教育革命。

推展信息科技教育的过程中，最重要的环节，不是硬件，也不是软件，是教师对信息科技观念的改变和技术的掌握。

学校没有硬件，我们可以千方百计把硬件弄到手，包括节衣缩食节约资金，众人集资筹款，合力要求校方注资……硬件是新科技产品，是开展信息科技教育的必要条件。要把新产品弄到手，我们有很多行之有效的手段，只看我们觉得是否有这样的价值而已。

软件也很重要。电脑、投影仪送到学校，网络也铺设了，但没有适用的软件，学生也只是面对与白板无异的银幕，毫无意义。软件相等于传统的教材上加上部分教学法。但是，再好的软件交到教师手中，如果他不愿意放弃行之已久的教学法时，这些新来的硬件软件对他来说只是一个包袱。同样，若教师不因应自己的个人风格和个别班级的实情，加以善用这些软件的话，反而会糟蹋它。因此，发展信息科技的投资中，教师和校长的培训比购买硬件软件更重要。

不过，我同时看到硬件软件对改变教师观念的正面作用。

先进的多媒体教具，把旧教具的功能集于一身，而且轻便易用，容许更多创造新教学法的空间。旧式教具包括黑板粉笔、白板水笔、录音机、电视机、录影机、挂图、地球仪、幻灯机、8厘米放映机……它们的功能，只需一台轻便的笔记本电脑，再配以投影仪及银幕便可做到，并且可以做得更好。这些先进的硬件会令教师的眼界大开，过去认为不可能的教学方式，今天都变得可能。

至于层出不穷、功能卓越的教学软件，对教师而言是很大的冲击。如果利用新工具的教学法令旧教学法相形见绌的话，不愿改进的教师便会感受到压力。如果新、旧教学法各有优劣时，教师便要突出既有那套教学法的优点，进一步将它发挥出来；但他同时会受到质疑，为什么不兼采纳新教学法的优点。

改变教师观念的关键，在于要他们放弃长久行之有效的习惯，要有脱胎换骨的转变。但过程中，教师可能会自觉或不自觉地进行一些非理性的抵制，这将是教育界内一场移风易俗的革命行动！

个人反省

* 面对电脑教学这场大革命，你有何感受？兴奋，焦虑，还是其他？

具体实践

* 要真正认识电脑教学的成效，要消除电脑教学带来的压力，唯一办法便是摒弃旧有的观念，积极投入这场革命中，亲身看清楚到底是怎么一回事。

活动带动学习

让学生从活动中找到表现自我的机会，取得成功的经验。

这几个星期，每天课余的时候，总会有一班初中的同学手持一叠问卷，用慢吞吞又多毛病的英语，邀请校内的老师接受访问，原来这是英文科老师精心策划的活动之一。很"幸运"地，我也成为一位中二女生的"捕猎目标"，接受了她的访问。她拿着英文写的问卷，一个单词一个单词地把问题读给我听，要我选择答案。我在回答问题的同时，也纠正了她部分错读的字音。

我很欣赏这位老师的设计，因为这不但让学生在活动中应用到简单的英语，也可让她们初步认识到问卷调查到底是怎么一回事。

教协近十年来办的暑期夏令班对孩子有一种魅力。"最初我带孩子报名，他十分不满，埋怨暑期还要上学。但几天后，他竟爱上了夏令班，每天回来都不停地大谈当天发生过的事。夏令班因台风停课，他抱怨不满；夏令班完结了，他又嫌时间太短，并强调明年一定要再参加。"这不是我杜撰的说话，是多年来结业礼上家长的分享。不是一两位这样说，很多家长都有类似的反映。

夏令班为什么有如此魅力？多年来，我都把夏令班的吸引力归因殷老师的热诚。不过，从内地考察回来，我开始对上述问题有新的理解。内地近年强调课程不能只限于学科课程，还包括活动课程和潜在课程。这些不是可有可无的课外活动，而是让活动成为正规课程的一部分。

夏令班的负责人告诉我：他们的课程，学科只占一半，另一半时间都是活动，学生可以从活动中学习，从活动中找到表现自我的机会，取得成功的经验。不过，以活动带动学习时，教师一定要放弃授受式的教学，把课程内容设计成活动和制作大量活动道具（教具）；还有，老师要主持活动和执行纪律，与传统教学的习惯截然不同。对学生而言，活动教学的确是很好的教学方法；但对教师来说，却是很大的挑战。你，愿意接受这个挑战吗？

个人反省

＊你试过以活动来带动学习吗，为什么？

＊以活动带动学习的困难何在？如何解决？

具体实践

＊尝试找一节课，用活动教学代替教授式讲课。

你的补充

国历史擂台比拼

课外活动和课堂教学应该互相支援。

　　一次"中国历史擂台比拼"活动，令数十名参赛者对中国历史的学习兴致提高，令中国历史教师上课时多了一个学生感兴趣的话题，令数百名观赛的学生在十个中午多了一项有益的活动参加，令几个在比赛中成绩优异的学生的自我形象大大提高，更训练了一批筹备活动的工作人员，实在丰收！

　　"中国历史擂台比拼"其实是一个中国历史的班际问答比赛，只供中一至中四学生参加，每个级别皆设有冠、亚、季军三名。全部共有十场赛事，都利用午餐时间其中三十五分钟举行。比赛分必答题和抢答题两部分，问题内容都以学生学过的课题为主，再夹杂少量一般文化知识，例如中国地理之类。

　　在比赛活动举行的日子，午餐钟声响后，负责筹备工作的同学便要在十分钟内匆忙用餐，然后各人分工合作，准备赛事。每次比赛都吸引了约一百五十名拥趸参观，反应异常热烈，热闹非常。负责主持问答的都是比参赛队伍级别较高的学长，但由于经常要判断具有争议性的答案，因此必须要有教师在旁做"终审庭"。而且教师在场，对工作人员的士气也有很大支持，同时能够指导学生怎样提高组织能力。

本校是按学生的成绩分流编班的，但在比赛过程中，不难发觉每班都有几名对中国历史兴趣浓、能力强的学生。平均成绩差的班别，在这次比赛中的表现未必比不上平均成绩高的对手；尤其是进行抢答时，他们的胆子反而较大，按键速度较快，以至于在初中三级的赛事中，平均成绩最优秀的班别都未能独领风骚。

有老师告诉我，参赛的学生在上中国历史课时特别专心，反映亦特别好。有家长告诉我，她的儿子成为参赛代表后，在比赛前后的日子，每逢回到家里都向她汇报比赛的花絮。有负责训导的同事告诉我，某位在中国历史比赛表现很好的学生经常犯校规，见家长时他的态度本来很差，但当赞赏过他在中国历史比赛中表现杰出之后，该生的态度立即软化。哇，意外收获！

个人反省

* 你任教的科目内容可否设计成某种形式的课外活动？

具体实践

* 以你任教的科目设计一次全校性的活动，例如问答比赛。

你的补充

入选与落选

若你只是为了得奖而参赛，
你将失去更多更有价值的东西。

学生参加比赛，看重成绩并不奇怪，但连教师都以是否得奖为主要价值便不大好了。教师得奖时欢天喜地，落选时怨天怨地，并受此牵动情绪而影响学生，是不成熟的表现，也是很差的品德教育。

以朗诵比赛为例。这类比赛的结果，经常系于评判的能力和好恶。当你有学生在晋升三甲时，你不妨想想，评判是否有偏好，有没有别的参赛者对这个结果不满意。这样想虽然会稍减你的喜悦，但可令你清醒一点。

相反，当你认为你的学生应该入三甲而落选时，你会很不高兴，甚至指责评判偏心，或对某种朗诵形式有偏好……这时，你又不妨想想，朗诵比赛的优劣是没有绝对客观的标准的，即使你当评判，也会引发相同或更多的不满。

不过，最重要的，还是你为什么要训练学生参赛。除了得奖之外，就没有别的价值吗？

招募学生练朗诵参加校际比赛时，我从不按大部分评判提议的准则，只挑选质优胜算高的学生，而是用普及教育的原则接纳学生，来者不拒。我认为训练学生朗诵参赛，可增加与学生的接触，搞好师生关系；还有，它又是我提高部分学生自我形象的好方法。当然，练朗诵还可以培养学生口语、代入想象和表演的能力。至于比赛中夺奖得荣誉，我表面上仍会拿来激励学生的斗志，但其实并不放在心里。

经过我两个多月训练的学生，由于接触频繁，关系良好，经常成为我推行活动、了解班内情况的好帮手。部分较顽劣的学生，亦由于彼此认识加深，误会减少，上课时制止他们滋事捣蛋亦变得容易得多。

彤彤被同学笑她口吃。我告诉她，口吃是可以改善的，而她的音色甜美，适宜朗诵，未来可以做播音员。她朗诵时没有口吃，抵消了被嘲笑的负面影响。甘仔有点神经紧张，自信心不足，但渴求有所表现。他练得认真、勤奋，进步神速；如果一旦夺得奖项，定能对他的学习产生强大的推动作用。

比赛的意义不在其荣耀奖项，而是它背后产生的推动力。

个人反省

* 你依据什么原则来挑选学生参加比赛？以选优为主，还是以提供学生参赛机会，培养他们的比赛精神为主？

具体实践

* 当你训练学生参赛时，在脑海中时常提醒自己：我们不是为了夺魁而来，而是为了培养学生的比赛精神和素质才参赛的。

实物教材

以教学为专业的教师，
同时是教材、教具的搜集者。

电视剧《孔子》介绍孔子用"敧（音崎）器"说明中庸之道，生动有趣。

"敧器"是橄榄形尖底储水器，上端材料较多，左右两侧用单杠状架悬起。敧器内无水时，上重下轻，呈倾斜状；加入定量的水后，水坠器底，上轻下重，敧器便与地面垂直；如果再加水近于满，上重下轻，整个敧器便倾覆，水全部倾泻出来。孔子用"敧器"说明"不足"和"过分"都不及"中庸之道"可取，亦同时说明"满招损，谦受益"的道理。

那天，学校一位数学老师在早会讲话时，拿出"圆规"和"曲尺"向学生说明"守规矩"的道理，很有意思。

他说："'规'和'矩'都是古代的绘图工具。"规，就是圆规，画圆形；矩，就是曲尺，画方形；没有规和矩便画不出圆形和方形。人的言行，要像圆规一样受到束缚，像曲尺般有底线限制，才能表现出成熟的美感。群体生活中，每个人的行为不可避免地会受到一定的约束，人们要自觉地守规矩，社会才有秩序，生活才会安定。

恰当的实物示例，生动有趣，富启发性，表达的效力经常胜过长篇大论。不过，上述两个实物教材都是用具体物件来说明道理，实物是道理的比喻，而不是道理本身。

另一类实物教材更直接，例如给学生观赏文物或仿制品，让学生观看科学仪器和生物标本、地理标本等等。如果没有实物，图片、影片亦有相近的教学效果。以教学为专业的教师，都应该同时是教材、教具的搜集者。教龄愈长，除了教学笔记愈厚之外，教材、教具的资源应该愈丰富。经验浅的教师不妨多向用心教学、教龄长的同行请教，从中得到启发。

若没有实物、仿制品、图片或影像等教材，但又想进行实物教学时，大可以组织学生参观博物馆、科学馆、天文馆、艺术馆等，同样是很有价值的教育方式。

个人反省

* 以你任教的科目为例，可以用什么实物作为教材？

具体实践

* 主动向一位教龄长而热心教学的老师请教，要求观赏他的实物教材。
* 试为所任教的每一个课题，制作一件实物教材，并与同事分享。

你的补充

博物馆是另一教室

百闻不及一见。

香港艺术馆的"埃及珍宝展"和香港历史博物馆的"中国古代科技文物展",都很值得参观。

"百闻不如一见"这句话很有道理,虽然大部分展品我都曾经在图书里看过,但真实物件放在眼前,加上专业人员用灯光音乐等制造气氛,令参观者更容易重构历史,再造想象,效果必定胜过教师的讲授。即使教师懂得用多媒体教学,也不能与实物观察相比。

香港政府近年对教育大众认识历史文化方面确实有不少改变,而且是好的改变:资源增加,所办的活动也由面向高知识阶层转向面对社会大众。如果博物馆的活动能够考虑与学校的课程结合,肯定能发挥更大的社会效益。这样做既帮了学校,也帮了家长,最终对新一代的教育会有巨大的促进作用。

我们要令学生知道,学习的场地不一定在教室里,可以是图书馆、博物馆,甚至是社会任何一个角落。

能够组织学生到校外参观,开阔他们的视野,已经是不错的教师;但如果事前和事后不多下点功夫,会大为减损活动的效益。

把学生带到现场，让他们自由参观，然后于指定时间集合回校，这种方式对学习动力高的学生已经足够，但并不适合一般学生，甚至可能浪费了社会的资源和教师所花的时间和心力。我在博物馆内看见有些学生像逛街一样嘻嘻哈哈，追逐玩耍，现场工作人员也感到烦躁。

因此，在计划参观活动前，教师应先制定清楚是次活动的教育目标，考虑清楚与哪部分课程结合，然后向学生提示一定的前备知识，以增加他们对参观主题的认识和兴趣。事前的准备工作办妥了，便要考虑现场的组织事项。为此，教师必须确保有足够的同事或高年级学生同行，协助管理现场秩序。给学生试卷现场做，答对问题加平时分，搞专题报告比赛等，都有助学生游览时有目的地观察。

如果参观活动没有事前的筹划和准备、现场的组织以及事后的总结检讨，很可能只会变成一次休闲活动。

个人反省

* 你每年也有组织学生到校外考察或参观吗？为什么？

* 你所进行的考察或参观活动，都是有目标、有组织的吗？

具体实践

* 每年至少安排一两次与你任教科目有关的参观活动？

你的补充

围 村之旅

凡事"亲力亲为"固然好，
但偶尔令他人"亲力亲为"也是一件美事。

带领学生进行考察活动的好处，相信不用多说；但如果组织力不强，学生大多只会在考察的景点前，敷衍地消磨三五分钟，然后便三五成群地嬉戏谈笑，追逐拍照，失去考察活动的意义。因此，考察活动算得上是对主办者组织能力的大考验。

学校中国历史学会最近办的一次围村之旅，便是一次成功的经验。

中国历史学会的干事以中六生为主。为了是次活动，他们花的时间和心思实在不少。他们事前先到参观地点进行预先考察，并设计了一张问答纸，要求参加者在参观过程中根据观察所得作答，以保证他们把注意力放在重点文物上。此外，干事们又把五十名参加者分为六组，每组由一个中六同学担任组长。在出发前几天，各组长先在校内跟组员进行分组聚会，向同学提供一定的前备知识，提高参加者对有关主题的认识和兴趣。

活动当天，这班学长也可算"服务"周到。沿途上，他们不但照顾同行的组员，每到一个景点，他们更会亲自讲解重点。当然，并非所有同学对古迹都感兴趣；他们参加的原因，多少也夹杂着其他动力，例如同龄群的社交、对出席老师的爱戴、消闲娱乐等等。这点事实，搞活动的人不得不接纳，只要参加者的行为尚算循规蹈矩的话，即使是主题严肃的考察活动，渗入一些轻松元素也未尝不可。

考察活动完结，并不代表整个活动也告终。回校后的几天，各小组的组长又跟组员总结游览所得，然后分工合作，一同呈交报告。由事前筹备、活动当天以至事后总结，每个环节这班学长都有周详的部署，使得是次活动办得相当成功，同时也印证了这班"小老师"的组织能力。

每次为学生办活动，教师都要耗费无比的心力和时间。不过，校园内其实是有很多好帮手，只要教师给予适当的指引，他们不但可代为分担工作，能力优秀者，甚至可代替教师，充当领导的角色。这不但可以让教师腾出多些时间做其他教学工作，更重要的，是可借此训练学生的组织力和领导力，收"一石二鸟"之效。

个人反省

* 举办活动时，你是否经常会利用"学生"这项人力资源？若是，主导角色又多属哪一方，你还是学生？

具体实践

* 举办活动时，尝试找一些你认为有能力的学生帮手。给予他们适当的指引后，不妨放手让他们试办吧！

在周会办作家讲座

不求高深，
只求投入。

有办周会活动经验的教师都会同意，周会愈来愈难办得好。首先是请有名气的讲者不难，难在讲者不一定能照顾学生的情绪。这一代人，包括成年人和学生都被电子媒介宠坏了，一言堂式的演讲，即使内容丰富，但如果表达技巧单调，学生很快就会分心，情况好的只会打盹。其次是像小蜜蜂般小圈子嗡嗡交谈，较差的甚至会大声喧哗，动手动脚。

今天想把周会办得有成效，要有"作秀"（即"做 Show"）的心理准备，以台下学生能否接收为最高原则。我的经验是：周会要表达的讯息不宜太多太深，表达方式要多变，例如笑话、音乐、歌唱、朗诵、短剧等；如果能安排现场学生参与，效果更佳。

近年，不少学校都会在周会时间，邀请一些作家前来分享他们的写作经验。作家愿意花半天时间到学校与师生分享，是一件美事。但如果处理不当，不但会糟蹋作家，也浪费学生的时间。

作家擅长舞文弄墨，却不一定擅长于辞令，多数更不懂得控制群体气氛。如果作家在台上用心地细述自己写作的心路历程，而学生在台下交谈、打瞌睡、玩耍，那就令好事变坏事了。

除非作家口才好兼懂得控制气氛，否则周会的程序需要从学生的角度考虑，作出安排。首先，作家不宜一口气讲足四十分钟，应该把内容分成几个要点，让学生容易吸收；其次，如果能够借助学生提问的方式引发话题，或者能够在校内物色到教师与作家对话，效果肯定更佳。

再就是讲话之外，宜安排一些能够搞活气氛的小玩意，例如励志歌曲齐齐唱、励志诗文共朗读、与阅读或写作有关的现场有奖问答游戏（以课外书为奖品），或有趣短剧等等。

与学生在欢乐的气氛中度过一次周会，胜过作家有深度但学生觉得沉闷的演讲。

个人反省

* 你认为周会是否必须的？你任教学校所办的周会是否成功？试分析个中原因。

具体实践

* 试利用文中的方法，在周会时间办一次交流讲座。

你的补充

访问作家，不止于作家

听君一席话，
胜读十年书。

看《星岛日报·阳光校园中学版》"校园传真"栏，得悉保良局马锦明中学的中文学会和阅读学会六位同学，在老师的陪同下，访问作家毕华流。报中刊登了该校学生三篇文章：一篇访问记，一篇对话录，一篇访问后感。我很欣赏安排这次活动的老师的心思。组织小众访问作家，在目前的条件下，不失为推广阅读和写作风气的良策。

现在信息科技发达，吸引学生注意力的娱乐活动甚多，学生的品味亦多样化，传统的讲座活动对他们的吸引力不大。教协多年来搞作家讲座，即使宣传充足，也吸引不到多少个学生主动参与，超过一百人出席的讲座更是罕见。利用周会时间，把作家请到学校举办讲座，亦未必会受大多数学生喜爱，因为讲者不一定擅长于演说和照顾群体气氛。要办好这类周会活动，极讲求负责人细心灵活的安排。

同时，学生中喜爱读课外书，喜欢与作家会面的，是小众，不是大众。组织这批小众，到作家的办事地方或家里围坐，在轻松的气氛中随意交流，反而会另有所得。事前让学生阅读该作家的作品，预备好问题，事后写访问记、感受，对作家、对学生，都是一件美事。

举办上述围坐式的交流活动，其实不限于阅读学会或中文学会，对象也不必限于作家。任何对某学科或某主题有所长的人，都可以是交流的对象。例如某位老师，学生的读书成绩优异，有很好的读书方法，学生会大可以办一些小型的交流会，像每月茶聚般，约受访者在某小室内聊天闲谈。这种活动形式也能发挥独特的教学效用。

个人反省

* 试就文中所说的围坐式交流活动，提出你的看法。

具体实践

* 尝试办一次与你任教科目，或负责的课外活动有关的小型交流会。

你的补充

潜 在课程具体化

润物无声。

传统上，学校课程只会被理解为中、英、数等等学科，但现代教育理论却把学校课程定义为"学生在学校所受到的所有影响"。最近到内地考察，知道部分比较先进的学校，已把课程分为学科课程、活动课程和潜在课程三类。

学科和活动课程暂不细说，至于潜在课程，又称隐蔽课程，教育学院都曾介绍，教师都知道它的重要作用，但怎样落实却没有人说得清楚。

在天津参观天津实验小学时，我观察到他们在潜在课程上花了很多功夫。

他们重视校园的净化、美化、绿化、艺术化。学校不是新建成的，但很整洁。每个教室、每条走廊，都挂有富教育意义的名人画像、学生的优秀作品、知名字画、励志标语……上下课时，用不同的悦耳音乐代替刺耳的铃声，有美妙和谐的感觉。在重要的纪念日，他们又会借题向学生进行教育。在这个校园里，文化气息相当浓厚。

他们也有家长会，校方会邀请家长听课，或者协助教学活动。

教师的字体要端正、声音要洪亮抑扬。因此，在该校的校本教师培训中，板书和声线是重点项目。教师对学生异常表现的处理方法，校方都有合乎专业操守的共识。但最重要的是他们强调领导作风开明和融洽的师生关系。

这样的校园，蕴含很高质量的潜在课程，同时亦蕴含着高效能的管理技巧和优秀的教师文化。

注重潜在课程的学校，香港也有。

那天，到许仲绳学校分享教学经验。安顿好器材后，偷偷四处参观。咦？教室、天台角落都很清洁，几乎看不到垃圾；每个教室都有三行十五张排列整齐的桌椅，壁报都贴上励志的设计……我想，如果不是有意事前准备，就是管理能力很高。后来我问周陆莹佩校长，她说："我们平时也是这样的，因为在这样的环境下可减少学生的戾气，容易营造出学习气氛。"

其实如果学校整体尚未有重视潜在课程的文化，班主任也可以在自己的教室内，营造富有潜在课程的环境。

个人反省

＊你怎样理解潜在课程？你在教学时有没有重视潜在课程？

具体实践

＊如果你是班主任的话，尝试用半个学期的时间，在教室内安排一个美化计划。

传授有再生力的知识

培养思考能力，

对学生将来自学求知更有用。

那天到沙田崇真试教一节中一中国历史课，我借电脑和投影仪之助，把商朝几件最重要的事件介绍得清清楚楚；事后，观课的老师亦给我良好的回应，但我自己却不满意。

我已经把要介绍的历史资料说得清楚、生动，甚至有趣，学生对我介绍的资料看来亦充分理解，在银幕上出现过的动画、图片等，肯定对他们的记忆有帮助。我还有什么不满？

我不满自己只要求学生理解和记忆一些史实，而历史科中有再生力的知识，包括寻求真相的批判性思考、重构往事的知识和技巧，我却没有介绍。

历史故事有无限个，只要能够激发学生的学习兴趣，他们便会按自己的能力和时间自行阅读，根本不必教师在教室"说过去的故事"。能够放在课本中的故事又大都缺乏趣味，而且都只对统治者有借鉴价值，对平民百姓来说意义不大，对儿童和青少年更是绝不相干，因而造成教的吃力，学的痛苦，这是课程设计者之过。

我很欣赏新修订的初中（世界）历史科课程，它的内容被大幅删减，令教师有较充裕的时间完成课程；同时它把历史研究法放在十分重要的位置，让学生可以学习到这个科目中有再生能力的知识和技能。历史学家研究的结论固然是文化的成果，但历史学家研究的方法对学生更有现实价值。

课程发展署历史组的李志雄介绍他理想中的历史教学法。他从历史书中选出一个段落，要学生分析哪些语句是介绍事实，哪些是作者的意见。其实读报章的新闻报道时，亦可以用相同的方法去分析其可信程度。

"第二次世界大战时，美国总统杜鲁门决定在日本的广岛和长崎投下原子弹，是否最好的决定？除了这个决定外，是否还有别的选择？其他选择各有什么优点和缺点？"李志雄认为，美国投下原子弹的日期、地点，对学生用处极小，但杜鲁门分析各种选择的利弊和最后做决定的过程，对学生的思考训练却很有价值。我乐意把李志雄所倡导的历史思维训练内容，用在中国历史的教学实践里。

个人反省

* 回忆你学生时代学习中国历史或外国历史的经验，你喜欢当时的经验吗？如今回顾，你觉得当时老师的教法属于优质吗？

具体实践

* 翻开你任教科目的课程纲要，看看哪些是只求背诵的材料，哪些是有再生力的知识，并在你的教案中，切记不可遗漏"有再生力知识"的部分。

训练学生做小老师

梦那难现的梦，

从中找出实现的可能。

那天徐邦俊带团乘船到"海洋生物公园"观海豚，对着百多位参加"环保旅游专题报告比赛"的学生，他像导游似的，用扩音器不停介绍中华白海豚："在香港水域内，大概有一百多条中华白海豚，它是胎生哺乳类动物，十岁左右便可以生产……"休息时，我对他说："哇，你真棒！原来你是海豚专家。"他笑着说："其实我对海豚的认识很少，但因为要负责今次的活动，所以便买几本书备课。"

我想，如果徐邦俊当日介绍海豚知识的部分，事前安排几名高班学生做，并让他们用多元方法表达，例如对谈、访问、音乐伴讲、歌唱等，我相信效果可以更佳。教师的工作，转为物色人选、提供资源、训练和管理的素质。

课堂教学，也可以考虑多让学生做小老师。教师习惯了在教室用授受式串讲，以教科书为主要教学工具，要转变为以学生活动为中心的教学是很困难的。

多么渴望有一天，上课时不再跟学生纠缠在课本某页某段，不再责怪他们缺乏学习动机，不再千方百计找寻他们感兴趣的话题，不再靠多媒体吸引他们，不再……让学生做课堂上的主角，教师只做提供资源，指导学习的角色。

我们可以利用图书馆。教师出题目，提示能够找到答案的书目，甚至页数，让学生个别或分组找寻。上课时，教师作引言，主要时间是学生做报告和针对报告引发的讨论和评价。报告时学生就是小老师，可以考虑用教具增加表达效果，还要引述资料来源。

我们又可以利用互联网。教师出题目，并提示能够找到答案的互联网址，让学生分头上网找答案。上课时，教师和学生都可以利用信息科技室的设备，用多媒体电脑等器材，做介绍和做报告。

传统教学下，上课的压力都集中在教师身上，整堂课只有教师唱"独角戏"。但如果换个角色，让学生当主角，教师是导演，学生的学习无论在质和量方面都可以有突破性的提升。你认为这是难实现的梦想吗？

个人反省

* 你的教学模式是以串讲为主，还是以学生为中心的吗？

具体实践

* 翻看与你任教科目有关的教学法书籍，研究以学生为中心的教学需要哪些条件。

* 尝试每个学期至少安排一至两堂课，让你的学生做教师，并且留意他们上课时的表现和态度跟平日有何不同。

巧 用录音带

多用你的脑袋，

少用你的努力。

如果你是语文科教师，某天你有七节课，而且你都用讲述法授课的话，那么，到了第五节课后，你多数会口干舌钝，脑袋不灵了。

语文科教师教授范文时经常要朗读课文，一句、一段、数段不等，而且要反复朗读。无论平日发音如何"字正腔圆"的语文教师，若连续讲述六七节课，很多朗读时不应犯的毛病都会一一表露无遗。

我发觉，如果语文教师能善用录音带，既可以增强教学效果，又可以保养珍贵的嗓子。

每一课要教的范文，我都会亲自朗读录音；如果有现成的朗读录音带，当然亦可以借用。不用说，录音是选自己最好的状态进行，又可以在录音时加上与课文内容相应的音响效果。

在授课时播放朗读录音带，其朗读效果绝不会减损，而且又可轻易地把音量调高调低。当然，你也可以随时调整自己的音量，但持久力却逊色得多。如果有一天患上伤风感冒，你必定加倍体会到录音带的好处。

当然，在课堂上让学生朗读亦无不可，但学生朗读的效果没有保证，且易生枝节。相反，利用一早预备好的录音带，授课的节奏便明快得多。还有，当播放录音带时，你无须再专注于课本之上，可以腾出时间观察学生的动态，这点对教室管理亦有帮助。

我估计，自从用了录音带辅助教学之后，我在授课时的说话时间减少了一半，而且效果比一个人独讲好得多。

有兴趣用上述教法的同行，我有几点要提醒大家。首先，你得谨记自己的录音是给学生做朗读示范，所以，朗读的基本要求一定要做得到。其次，你最好准备一部自己专用的录音机，并且是用干电池的，不必因临时找不到录音机而狼狈。

个人反省

＊你在教学上有没有遇到什么困难？你曾否试过运用身边的资源（包括人和器材）来解决呢？

具体实践

＊将你及学校的所有可用教材和器材一一列写出来，检讨哪些是你平日忽视而甚少运用得到的。

你的补充

让学生将课文录音

从不断的尝试和回馈中改善教学质量。

语文教师在讲授范文时经常要学生朗读一段课文，作为讲解或者讨论的前奏。不过，在实际进行时总会遇上不少困难。大部分学生站起来朗读时，总是音量很低，只有身旁的几位同学听到，其他学生都闲着纳闷。即使有一两个声音较洪亮浑厚的，但总不能每次都只叫这一两位学生吧！

在一次交流会上学得一个好办法；试行之后，效果也挺好。要学生站在班上朗读，很多学生都不敢提高音量；但对着录音机，他们的顾忌便会减少。每次讲解范文前，我都让每个学生将要教的课文用录音带录好交给我；上课时，便抽出其中一两盒来播放。同学可以对录音效果评分，教师亦可以就朗读的重音、停顿、快慢、声调等方面提供意见，让学生了解朗读的要诀。学期末，每个学生便积累了全年范文的朗读录音带。

要学生将课文录音的好处很多。有时你实在没有想到，有些学生由于害羞或声线较弱，可能上了十年课，但从未在课堂上朗读过一篇课文。"将课文录音"可以令每个学生都有均等的机会练习朗读。你有时会想不到，有些平时甚少作声的学生，朗读的效果竟会令你刮目相看；其中较用心的几位，更会配上音乐或音响效果，可做示范之用。

"将课文录音"亦是一种变相的预习。学生在录音时，总要将课文看几遍；遇到不懂的字，便得翻看字典。这种预习带来的教学效果，比回答一两个问题好得多。

"将课文录音"又可以令上课的气氛更活泼。当教师播出甲同学的录音带时，甲同学自然会特别留心，观察其他同学的反应；而其他同学亦会有诸多批评，指出甲同学的缺点。即使平日好玩的学生，这时都会留意听甲同学的课文朗读。

"将课文录音"的唯一缺点，就是增加语文教师的工作量。我的应付方法是，每班找一位较灵敏的学生协助，作为收集录音带的代理人；而每次亦不必听齐全班的录音带，每盒带亦不必由头听到尾。权衡长短之后，我仍然认为要学生将课文录音是值得尝试的。

个人反省

*你认为让学生在课堂上朗读课文及"将课文录音"，各有什么优劣之处？衡量过后，你又认为哪种教法较为可取？

具体实践

*让学生将要记忆的课文或信息自行录音，再反复聆听，看看能否成为一种温习的方式。

中国历史旧曲新词

懂得将教学内容重新包装，
是教学的艺术之一。

受到历史老师郑志声的刺激，这几个星期，我以中国历史为主题，填写了好几首歌词。上课时与学生齐唱，效果很好；与同事和同行分享，亦觉有趣。现把歌词录出，望可抛砖引玉。

中一课程一首，歌名为"秦灭六国歌"（寄调"义勇军进行曲"）：

秦国，战国时候系小国。自从商鞅，竭力全尽心去变法；经济繁盛，壮大，军队最优。嬴氏阿政，傲视天空心中大梦想。齐燕、韩魏、赵楚，全部各国都要，咸阳京师揖拜，行礼，服从中央指派，行礼，服从中央指派，头要叩！

中二课程共两首。第一首名为"杯酒释兵权歌"（寄调"分飞燕"）：

各位大将确功高，全赖大家共轭尽力平十国，我赵宋得以定国邦，各位应该尽庆饮。又怕前车多可鉴，有祸国可翻，空嗟稳定成梦幻，偃武尚文有助国安，诸将不必忧怕。肯放兵权能治国患，兵将分离能治国难，我不会叛盟害你功勋散，需知国君统治国难，唉也，难难难，难得诸兵诸将顾念国家，安享富贵同庆乐，今后除下战袍，父老齐贺你，晚福享。

中二第二首名为"澶渊之盟歌"（寄调"40342"）：

宋朝的国运，有贫兼夹弱。没了五代十国忧，帝主爱尚文，不重武，契丹建立辽，东北多次败仗辽乱宋。真宗帝，承继，祖宗帝，文仕制，终要亲征，鼓舞军心，声威大震；不过，当时，竟去，讲和，银要蚀成十万，加绢输二十万匹。唉，家国殃！

中三课程一首，名为"林则徐禁烟歌"（寄调"将军令"）：

英商走私鸦片烟，祸国害国民健康：白银流失，身心俱丧，贪官与污吏，充塞广州市，皇上派遣我成为，钦差使。走私鸦片烟，决不可再犯，尽快全尽交，具结承诺签。问苍天呀，道理是何在？我肃清烟祸，但却遭此痛楚。轰走英军却受到革职充军新疆去，换来琦善辱国仇。南京受英军所困，敌不过。条约草签后，二千一百万，夺我香港岛，五口通商，令国民受苦。昏君贪官，辱国失国土，令众人受苦。

个人反省

* 你尝试过把要背诵的课程内容，编成顺口溜或歌曲教授学生吗？为什么？

具体实践

* 若你是中国历史教师，不妨在课堂上与学生试唱文中的歌，或事先自行录音，又或者到坊间购买有关录音带，然后在堂上播放。

看 电影教作文

专业便是讲求创新。

电影用影像表达主题，文章则用文字表达，两者有很多不同之处，但在表达技巧上，两者亦有相通的地方。在作文堂上选播部分电影情节，将有助学生理解写作的技巧，亦同时解决学生写作时缺乏题材的问题。以下是我曾经选播过的电影。

查理·卓别林的《摩登时代》，由开场到查理发疯被捕，约七分钟。开场时，羊群从拥挤的羊栏中出来，跟着人群从车站拥往工厂，这是比喻手法。工厂工作的枯燥单调、经理的严厉苛刻，在片头的三四分钟已介绍得清清楚楚。查理为什么发疯？他发疯时为什么会每逢见到螺丝状的物体都用扳手不停地扭动？电影都有很清楚的伏线。查理由一个好端端的工人突然发疯，这是借事议论的手法，目的是要讽刺现代社会扼杀人性。学生可以用记叙文的形式叙述查理发疯的经过，也可以用议论文的体裁，发表一下对现代文明利弊的己见。

《核战之后》，描写核爆前、核爆时和核爆后的情境，片长约十分钟。另一部《今古奇观》，纪录核爆试验，约四分钟。前者是剧情片，目的是反核战；后者是纪录片。比较之下，前者把大部分时间表现人们的惊逃、发愣、不知所措，以及核爆时玉石俱焚的情况；更重要的，是描写爆炸后城市如何变成废墟，人们在肉体和心灵上所承受的不可弥补的创伤。至于后者，则由头到尾都把镜头焦点放在蘑菇云的出现和变化，交替运用直接和间接描写（烘托）的手法，令画面灵活变化，吸引力强。我与学生讨论过两种表达方式的分别和效果后，让他们以《核爆前后》为题写一篇文章。

我曾经利用过的电影还有：《仙乐飘飘处处闻》《第一滴血》《龙兄鼠弟》《老夫子》《城市之光》《上帝也疯狂》……平均每部电影选五至十分钟。由于是新尝试，故不能说都很成功，也不可能成为写作教学的主体，但可以是引起兴趣、拓展思路的好方法。

个人反省

*试分析文中教学法的优点和缺点。

具体实践

*多搜集一些多媒体教材，在你任教的科目中试用。

你的补充

专家和杂家

虽小道，亦有可观。

　　当一课书讲授完毕，但距离下课还有十分八分钟，教新的东西又不够时间，这时，难道叫学生"自修"或"休息一会儿吧！"然后便互相对望，沉默地与他们一起等待下课的钟声吗？

　　当你走进教室，只见学生交头接耳，精神涣散（特别是刚上完体育课或刚测验完毕），若这时立即授课，必定徒费口舌。该怎样做才能使学生的注意力集中起来呢？

　　有同事请假，你被派去代课。你明知学生不会乖乖地让你在宁静中工作，而你又不想以"莫须有"之罪名罚他们抄这抄那，该咋办？

　　有时讲授的课题比较平淡枯燥，明知继续讲下去必定会有学生打瞌睡或做梦，这时不妨将正规课程暂且搁下，说说别的有趣话题，调剂一下，免得彼此受罪。但问题是：可以说些什么呢？

　　我想，教师要做一个"专家"，也要做一个"杂家"。"专家"是指对自己任教的科目要有专门的知识；"杂家"是指要具备多个范畴、形形色色的学问，例如：知识性的，趣味性的，实用性的，益智性的……

"有哪些中文字是由三个单字叠构而成的呢？你们试说说。"森、姦、聶、轟、蠱、晶、蟲、品、磊、毳、麤……

"烹调技巧有哪几款？"煲、煮、烤、烘、煎、炒、熬、燉、炸、煨、炆、滚、灼、燻、蒸、焗、炕。

"醉醺醺、香喷喷、黑压压、热辣辣、酸溜溜、笑盈盈……你可以举出别的例子吗？"

一句急口令，一首回文诗，一个灯谜，便可以使学生兴致盎然，精神集中；或者跟学生说个成语故事、笑话，甚至鬼故事也无妨。较时事性的，可考虑把新闻改编一下（不必很严谨），寓教育于说故事。假如你多听侯宝林的相声录音带，撷取一小段精彩的说说，那简直是怡情养性了。

《十万个为什么？》相信不用多介绍了；其他要人动脑筋、玩推理的游戏书，坊间多的是。只要你愿意找，一定会有。

这些正规课程以外的东西，能挑起学生的学习兴趣，大大增加教学成效。所以，要成为一个教育"专家"，便先要做一个学识上的"杂家"。

个人反省

＊本文对教师的要求是否过分？为什么？

具体实践

＊遇上代课等情况时，尝试利用文中提及过的方法。

Ⅳ 德育思索

道德厌食症

不要哭，不要笑，
先要理解。

——莱布尼茨

电影《西域雄狮》中有几场戏，描写黄飞鸿向美国华工们训话，陈述民族大义时，华工们对他的训话毫不动情，不是伏在桌上睡觉，就是面露厌倦之色。但当黄飞鸿一离开，华工们立即从暗处拿出排九来；妓女们出现，他们一拥而上，与方才听黄飞鸿训话时的木然表情，形成强烈的对比。

教书人看到这些场面会觉得很熟悉：黄飞鸿像训话的教师，华工就是没精打采的学生。我不愿随便说什么"世风日下"，学生"一代不如一代"。学生对道德教训提不起兴趣，总有一定原因，我尝试提出一些想法。

首先，现代社会结构不断变化，很多传统道德对现实缺乏具体指导力。过去，有关"忠"的对象很清楚，是皇帝，但今天"忠"于什么对象才对？以前"节俭"是美德，今天有人会说"节俭"妨碍通货交流，不利经济发展。不是说传统道德要推翻，但起码要作一种现代的诠释，才能够指导行为。

其次，新旧价值观念常有冲突的地方。现代社会对平等、自由、尊重个性、民主等价值十分重视，而这些价值又与部分传统道德有冲突的地方，例如"孝"有浓厚的顺从色彩，与自由，尊重个性等价值在实践上经常无法兼容。

再者，道德失去社会压力，又缺乏模范。人们接受某些道德律令，经常是由环境的压力慢慢塑造而成，以及模仿某些被视为榜样的人物的言行而成。我们的社会，最大的行为规范力是法律；法律以外，规范人们行为的有形或无形压力都很少，而公认具道德人格的模范也不多见。我们的新生代是在没有道德压力，缺乏道德模范的环境下成长的。

最后，懂道理和讲道理的人不少，但能够用生动活泼的例子，生活的语言，用现代人喜欢接受的形式表达道德内容的，却非常罕有。

这是个道德观念大变动后尚待重新厘清的时代，一段混乱时期实难以避免。

个人反省

* 当别人跟你讲人生道理时，你会兴趣勃勃地仔细倾听，还是闷得发慌？为什么？

具体实践

* 试聆听一些知名的传道人讲道（不必拘泥什么宗教），注意他们用什么方法讲道理。

你的补充

道德社会支持力弱

把孩子教养成人的是整个社区。

很多人提议学校加强德育教学，董特首说要提倡儒家思想，说得直截了当些，只是想青少年循规蹈矩，不要越轨搞破坏。最好像新加坡那样，青年人不敢乱抛垃圾，甚至在厕所也要检点。如果人们认为学校可以独令孩子循规蹈矩的话，是不切实际的想法。一方面，学校只是影响孩子众多因素之一；另一方面，学校所传授的传统德育，很多已经不切合现实生活了。

学校是大社会内的小社区，它不是与外界隔离的"孤岛"。过去信息不发达，师长是学生知识的唯一来源，大社会的主流价值观与师长所教的道德观一致，学生依着去做，便能够在生活上、工作上无往而不利。但今天时势完全不同了！信息发达，知识来源和社会价值多元化，如果学生把学校施教的价值不加选择地遵行，经常会碰壁。

其实连成年人也经常感到欠缺道德支持力。你教学生要脚踏实地做人、勤恳、节俭……当学生接受这些训令，依着去做的时候，到底有什么力量在支持他们尝试并坚持呢？是天理？是神？是良知？

还是社会的舆论？

有一次，我看见一个长者用绳牵着爱犬到公园散步，迎面冲来两头无主狼狗，向长者的爱犬张牙舞爪兼狂吠。爱犬不甘示弱，还以颜色。长者无力驱逐狼狗，只能不断遏制爱犬。狼狗扑向爱犬，长者只管拉绳索，牵制爱犬，令它无法逃避或还击，被对方咬了多口。后来狼狗撞倒了长者，长者不自觉地把紧拉爱犬的绳索放开。爱犬颈部的束缚解除后灵活多了，能攻能避，与两狼狗互有攻守，扭打成一团，长者则瑟缩一旁观战。不久，虽然胜负未分，但三方互吠了一阵后，便分头散去。

我想起了德育。当一个"有道德的人"生活在一个缺乏道德支持力的环境，遇着不受道德约束的人，这时候，坚守道德可能反变为愚蠢和不知时势变化的行为。

个人反省

＊如果你是文中那位老人，你会怎样做？

＊当道德规范及个人安全或利害发生冲突时，你会如何取舍？为什么？

具体实践

＊与一位较有道德坚持的同事或朋友交谈，了解他的信念基础。

你的补充

学校德育未定位

道德抉择是属于个人的。

推行德育，从社会宏观的角度看，就是要在法律之外，多加一道防线，以维持社会的秩序。如果法律是最后防线，道德就是社会秩序的前线；如果法律是防洪的主坝，那么，道德就是主坝外加设的第二道、第三道堤坝。如果法律之外无道德、操守、宗教等力量维持社会秩序，法律亦不可能长久。

教育下一代道德观念，从来都不是学校能够一力承担的重任。在旧中国，能够进入学校考取功名的是少数精英，道德教育主要是在家族中完成。中国人指某孩子没有礼貌，也会说他"无家教"，不会说他"无学校教"。旧社会价值一元化，以儒家的三纲五常为主要内容，社会主流价值、家教、学校德育的内容完全一致，因此人们易生错觉，以为"以往的青少年比较纯洁"，是学校德育的成功。这是没有事实根据的。

今天学校德育之难，不是学校不能进行任何德育教学，而是难在没有人能够清楚指出学校能够做到什么。有些人把道德教育的责任全部交给学校，是没有道理的。教育孩子的工作，起码有家庭、传媒、学校和朋辈四方面。学校是教育部门，并非包办一切教育任务的机构。即使高效能的学校，对学生行为的影响仍然是有限的。

如果把德育分为知、情、意、行四方面，"知"是对道德的认识，"情"是对实践道德的兴趣和动力，"意"是道德的坚持力，"行"是实践。学校可以教孩子道德的内容和含义，增强道德的思辨能力，但无法保证学生会付诸实行，除非将他们统统"洗脑"吧！

很多人做出不道德的事，并非由于认识不足，而是意志力薄弱、内心被邪恶占据。说到底，道德抉择是属于个人的。

个人反省

＊你认为学校在品德教育方面应扮演什么角色？

具体实践

＊选出两个公认的模范生，了解他们的品德及成因，仔细分析当中有多大部分是学校真正的"功劳"。

你的补充

教师的道德观

丰盛的思想和心灵，

也是教学专业的"本钱"之一。

多年前，校内的一群学生童党弄得学校鸡犬不宁，令每位教师心惊胆战、怨声载道。他们的首领好勇斗狠、有胆识、有谋略，不但能够把全校的顽劣学生组织起来或镇住，甚至连附近学校的童党亦不是他的对手，见到他便退避三舍。

我经常要与这班童党交手，玩兵捉贼游戏，有时也聊天。一天，童党首领问我的薪酬有多少，我告诉了他，他说："阿 Sir，打工无发达的，转行啦！"我说："发达不是我做人的目的，现在的收入不差，工作和生活都算快乐。"他说："无钱就无快乐，做人当然是赚越多钱越好。我将来一定要做一番大事业，好似李嘉诚那样威风。""做大事业要有本领，例如要有知识、有干劲，又有运气。你凭什么本领做大事业？"他答："想赚大钱，读书是无用的。做人最重要是有头脑、够胆大、够心狠手辣……"

这个学生对我说上述一番话时，态度是诚恳的。他推销这套人生观，今天很多教师连防守都不易，遑论还击、教化他。

当学生满脑子市侩、庸俗、功利的人生观，甚至以此与教师议论时，教师可以做什么？如果教师自己的人生观也是庸俗功利的话，那么，他们根本不可能改变学生；如果教师本身没有一套积极明确的人生观，亦难以抵挡那拥有强大社会支持力的功利思想。

在社会信息流通不发达的年代，孩子的价值观深受家庭和学校的影响，教师对学生的人生观影响深远。但是在收音机、电视、电脑普及家庭的年代，孩子的心灵已不是白纸，脑子亦早已被染色。教师要进行价值观、人生观的教育，不但要重新制定内容和方法，态度和思想都要积极正面。

教师向学生讲道理时，要有一种被冷遇的心理准备；还要不理会对方的轻蔑态度，不计较他是否采纳，只管全心全意做学生忠诚的"顾问"便是。如果教师能够以身作则，那就是更具说服力的德育教学了。

个人反省

* 你认为自己有没有一套积极明确的人生观？若无，不妨多看有关人生哲理的书籍，令自己的心灵也达至教学的"专业水平"吧！

具体实践

* 尝试与一个价值观念有偏差的学生交谈，看看能否说服他。

你的补充

道理还是要讲的

道德教育必须使人了解道德的意义。

——陈特

陈特老师在《伦理学释论·序》说，许多大人教小孩"撒谎是不对的"，"诚实是好的"，但不会告诉他们理由，原因是他们也不知道理由。……但由于他们不知道道德有什么好处，有什么意思，因此环境一转变，当他们发现不道德会带来许多好处，道德反而会牺牲许多利益时，他们就会放弃道德。……良好的、健康的道德教育因此必须使人了解道德的意义。这是我们要读伦理学的原因。

有一种接近常识的理论用"知情意行"四个步骤来描述道德教育的程序。首先是让学生认识行为的对错及其原因，是为"知"；其次是令学生在感情上接纳某种行为，是为"情"；第三是学生愿意实践某种行为，是为"意"；最后是付诸实践，是为"行"。"知"是第一步，如果没有这第一步，第二步就迈不出去。

一位老师对我说："教师向学生讲道理，还是十分需要的。很多教师已经不向学生讲人生道理了，但其实学生对此是有需要，也很渴求。那天，我在班上讲出对他们的期望，提示几点方法，他们很专心和认真地聆听。"这位老师善讲道理，论据强，态度诚恳，能感

114

染学生是毋庸置疑的。

不少学生反映，教师讲道理容易"迂腐"，不合时宜，或者"伪善"，言行不一。事实上，我也发觉很多教师对学生讲道理时愈来愈缺乏信心，也不想多讲，因不愿看见学生没兴趣聆听或不屑的神态。于是，他们会以骂代讲，或者以反话代替真话，不讲道理说歪理，将自己降到与学生相同的水平。

在适当的时机，以平常心和诚恳的态度，说出自己深信的道理的话，绝大多数学生是愿意接受的，即使有时他们的态度表现得傲慢无礼。

个人反省

* 你除了教授学科知识外，有没有向学生讲授人生道理？为什么？

具体实践

* 尝试最少每个月找一次机会跟学生说说道理。记着：尽管有部分学生会表现得不耐烦，但大部分学生是乐意聆听的。

你的补充

多元社会下的德育

德育的目标是让人按价值判断作自由的选择，追求"美"的品行。

从教联刊物《香港教育》中读到广州师范学院刘树谦教授在研讨会上的发言，很有同感。下面选取其中三段讨论。

"今日广州青年的思维方式趋向多元化，常质疑传统的价值观念。"

质疑传统的价值观念，不是广州青年独有，香港青年亦然，甚至可能是世界性的现象。质疑传统价值，并非突如其来的想法，而是因为支持传统价值的传统社会结构已经改变了。忠孝、仁爱、信义、和平……在今天具体的内涵是什么？忠孝等传统观念，与现代民主、个性自由等价值观念之间，是否可以并存？我们需要对传统观念进行现代诠释，同时要整合传统价值与现代价值的关系。但问题是，现代社会仍未形成一套为大众接受的新时代价值观。

"内地的德育，已从传统的品德教育、政治教育，转变为'大德育'概念，把品德教育、政治思想、法制观念、审美教育、人际关系、劳动态度、创业思想等都包括在内。'大德育'的核心是教育价值观。"

香港学校也有品德教育、公民教育、性教育等等，名目不少，但都是解决价值观的问题，有很多方法是共通的。因此，把众多名目的主题，融合在"价值教育"，或称为"大德育"之内，在教学上可减少重复，也有"一理通、百理明"的好处。

"今日的德育，应着重对青少年进行心理、情绪的辅导，德育的目标不是只求约束人的行为，而是将心灵定性，让人按价值判断作自由的选择，追求'美'的品行。"

传统社会里，政府、社会、家庭的道德观，与学校的道德训令完全一致，推行十分容易。但在价值多元的社会，成年人也对很多问题争论不休，学校如果只用传统训令式单向地灌输道德观念，效果极微。

在重视个性发展的今天，以启发式、反思式的方法来传授价值知识应较为有效。教师提供资源，与学生讨论道德价值的含义和理据，并让学生在价值冲突中认识自己的道德立场，为自己的道德取向寻求理性的依据，才是较为合乎现今社会趋势的德育教学法。

个人反省

* 你对文中刘教授提出的三段讨论有何意见？在你向学生进行德育教学前，曾否考虑过这些问题？

具体实践

* 认识你校的道德教育政策，并提出你的想法。

学校能否教德育？

知其不可为而为之。

——《论语》

重看周兆祥译的《学校德育研究》，并做了札记，内容大致如下。

一、什么是道德？

书中介绍了四种观点。一是训令主义：道德是强制的行为律令。应该做的行为例如"平等""尊重别人"；不应该做的行为例如"杀人劫掠"。二是情绪主义：道德仅是当事人好恶情绪的反映。三是存在主义：人是自己价值的赋予者，凡自己做决定去做，并负责其后果的，都合乎道德。四是原则主义：凡按原则去做的行为都是道德的。四种道德观点中，以情绪主义和存在主义比较西化，训令主义则较被中国人接受，可以说是各有理据。

二、怎样下道德判断？

书中提出四种依据：一是诉诸权威；二是诉诸自然；三是诉诸多数人的最大幸福；四是诉诸理性。四者并不矛盾，各有优劣。小孩子不能不接受父母师长的权威，而什么是自然和幸福，也得要进行理性的分析。

三、学校可以如何教授德育？

一是训示式：介绍和解释基本的道德规范，用各种传统方法或现代媒体，向学生解释道德的意义，以及实践的方式等。在早会、周会、班主任课，学校都可以进行专题介绍；各学科中亦可以用渗透的形式借题发挥。例如中国历史讲到孙中山时，便可提出为国为民，不屈不挠的精神。

二是反思式：提供资源，与学生讨论道德价值的含义和理据，以及价值冲突时的处理方法。训示式大多是单向授受，而反思式是要令学生在价值冲突中认识自己的道德立场，并为自己的道德取向寻求理性的依据。

三是教师以身作则，提供示范，或者向学生提供可以效法的榜样。例如邀请公认有道德操守的人与学生接触，让学生受到感染，从而产生仿效的动力。

能够做到这三项，已经很好了。

个人反省

* 上文提到的三种德育教学法，你都能够做到吗？若否，是什么因素妨碍你实践呢？

具体实践

* 在你做班主任的班里，选出一位有美德的学生，例如校服整洁、有礼貌、尽责等，公开表扬他，作为其他学生的仿效对象。

榜样胜过道理

对孩子来说，范例比道理更易明白和感动。

教协夏令班的结业礼上，主办者请来王均祥向学生讲话和唱歌。原本闹哄哄的会场，立即安静下来。这个坐在婴儿车上，身躯细小，智力正常，年过四十，被称为"玻璃人"的嘉宾，给学生的刺激很大。我很欣赏主办者的心思。

王均祥说话不多，内容也没有什么特别，都是叫孩子们要勤奋读书、孝顺父母……但从他口中说出来的话，效果却远胜于其他人，礼堂里七百多个孩子每个都听得很入神。一个被很多人以为是无用的人，竟然有如此顽强的求生意志。虽然天生残疾，但他不但没有自暴自弃，还积极向上，孝顺母亲。

这是一次影响深远的德育课。他日孩子在成长过程中遇到挫折，王均祥的精神很可能会成为他们重拾斗志的动力。我相信家长也非常感谢王均祥，因为他提供了家长与孩子谈话的题材，令家长可以借王均祥的自强不息，勉励孩子自爱自重。

另一个令我印象深刻的场合是在 1998 年的紫章颁奖礼上，教协邀请了失明人士庄陈有做嘉宾。他的《我看不见，但……》曾是教协"一百本好书"书目中的其中之一。庄陈有对着两百多位紫章的得奖同学，向他们介绍怎样用盲文阅读时，每一位同学都十分用心聆听。

庄陈有的介绍，不单只告诉了学生失明人士用盲文的知识，在介绍的过程中，学生也看到他怎样打破失明的束缚，努力争取过正常人生活的向上心。无论其他人怎样说"失明的障碍是可以克服的"，也欠缺说服力；但同一句说话由庄陈有说出来，却会有无法反驳的说服力。连失明都可以克服，还有什么困难是不可以克服的呢？

道德义理容易讲，但不易讲得动听，更不易说服听众。不过，若由对公众有说服力的榜样现身说法，效果必定大大提高。因此，学校进行品德教育时，不妨在学生中、家长中、师长中、社区中或社会上，邀请一些可以做榜样的人物，直接向学生讲授道理。

个人反省

＊你认为自己的行为可以成为学生的榜样吗？

具体实践

＊列出三个可以成为学生榜样的人物，并尝试邀请他们出席一些讲座或座谈会。

你的补充

V 他山之石

教功深厚

赞赏是付出少、回报大的教学技巧。

一次精彩的教学示范，令观课取经者的精神为之一振，击节称赏。教协圣诞广州观课团在华侨中学观梁瑞屏老师的一节语法课，下课时团员都很兴奋，甚至有几个年轻的团员簇拥着她，要她签名留念。

"把整个过程录影就好了，我们可以告诉香港的教师，语法课是可以教得生动有趣的。""在这节课中，老师精讲，学生多做，充分体现了教师为主导、学生为主体的教学原则。""梁老师声音洪亮清晰，笑容又亲切，学生能够在无压力的气氛中愉快学习。"……

我特别留意到两点：第一，学生都疼老师，不愿老师在客人面前丢脸，很主动答问，保护老师。第二，梁老师所用的大多是赞美的说话，令他们很舒服。例如"张小强，你来个漂亮的！""我们的佼佼者为什么还不举手，一显身手？"这些话很能挑动学生的积极性。"对！做得非常好。""果然做得很精彩，老师做也不过如此。"给表现好的一句奖励。"啊！你有点紧张了。不要紧，下次再试！"

"你今次一定是因为紧张才会答错；在平时，这种错误是不会发生在李小华身上的。"答错了的也很舒服，愿意再试。功力深厚，佩服！

个人反省

* 根据上文的介绍，你认为梁瑞屏老师的教学优点是什么？

具体实践

* 列出你自己在教师专业上尚未臻完善的地方，并写出改善的计划。

你的补充

虚不受补

赞美学生要讲究时机和方式。

我认为赞美学生是教师的必要技能，付出少、回报大。赞美既可肯定学生的表现，亦可指示教师期望的方向；赞美令师生关系和谐，亦可在教师赞美，学生受赞的过程中，确立和加强一种尊卑但互爱的关系。

一位新教师对我说："我赞赏一个学生做得好时，他竟然说：'你为什么赞扬我？'毫无喜悦之色就走开了。为什么？"

只看到赞美在教学过程中的好处，而忽略赞美要取得预期效果的条件，是不够的。例如学生觉得老师的赞赏太多、太滥，不珍贵，便会不领情；又例如教师赞赏的地方，不是学生重视的地方，也不会收效。

那天听周陆莹佩校长的分享，她指出有些学生，因长期只受到老师的批评、冤枉、指责，若突然公开受到赞赏，他们便会手足无措，不一定愿意接受，甚至会反感。"有时私下赞赏的效果会更好。"正如太饿时不宜多食，虚弱者不宜过补。有道理。

周太还提到"便条攻势"。在学生的作业本中，贴上写有一两句关心话语的便笺，看学生的反应后再调校赞美的内容，从而继续与学生作进一步情意的交流，借此打破师生间的隔膜。果然是高手！

个人反省

＊你认为学生会否被赞坏？为什么？

具体实践

＊模仿上文提到的"便条攻势"，看看能否改善你与学生的关系。

你的补充

哪堂最开心？

**能否令学生在愉快中学习，
是教师专业素质的表现。**

    小女儿读小五，放学后接她到餐厅午饭。我问："第一天正式上课，哪堂课最开心？"她说："数学课。"并立即问我几道速算题。"15乘15是多少？""225。""25乘25呢？""625。""95乘95呢？""9025。"她难不倒我，有点失望。我问："谁教的？"她说："数学老师啰！"我说："其实我两年前已经教过你，只是当时你没有用心学而已。"

    她一边吃香肠蘑菇饭，一边向我重温数学老师讲过的话。"老师说，生活一切都与数学有关。"我要她拿出证据。"每天起床，都要看时钟，时间是用数字表达的，要计算的。"还有呢？"冲厕用的水量要计算过，太少的话，要冲多次才能冲走粪便；太多便满溢，粪便就流出来了，哈哈！"孩子对屎尿最有兴趣，中学生也不例外。

    我肯定她今天的数学课听得很认真，收获丰富。能够令学生既学得知识，又学得愉快的教师，功力不浅，值得赞美。

"那么，哪堂课最闷?"我改变话题。她说"……按着课文一句句读，几乎打瞌睡了!"

个人反省

* 你认为学生上你的课时愉快吗？他们是否学到有益有用的知识？若否，为什么？

具体实践

* 向子女或子侄查询他们对学校和老师教学的感受，并且给予积极的回应。

你的补充

同 事间互相支援

教师间守望相助，疾病相扶持，对学生也是一种教育。

到彩虹天主教中学分享教学心得，是一次愉快的经历。虽然我迟到了半个小时，但整体仍然很投入分享会中。正如有老师说，最喜欢学生乐于聆听、积极回应，我领受到这种经验。

汇报时，多位老师都不约而同地表示，他们在这里最感愉快的地方，是同事间互相支援。我立即想象一位在教室中被顽劣学生气得沮丧难受的老师，回到办公室后得到同事安慰、开解的情境。

每个人都自觉或不自觉地建立人际关系网络，这可以是施与受都得益的支援网络，也可以是互相厮杀的战场。为了升职而倾轧，为了夺取特权而搞阴谋诡计，为了不切实际的威严而欺凌新丁弱者……学校并非特别"纯洁"的地方，当然，也不见得特别污秽。如果有一个比较干净的地方，在这里互相支援的力量远超于彼此伤害的力量，这就是一个值得留下来的地方。

我记得阿浓提过在特殊学校任教时，如果教室出现师生冲突，都会有其他老师介入，让当事的老师暂时撤离，以纾缓紧张的气氛。

教师间守望相助，疾病相扶持，对学生也是一种（潜在）教育，反之亦然。

* 在你任教的学校里，同事间的气氛是否和谐融洽？为什么？

* 经常给同事一个亲切的面容，多了解他们工作和生活上的感受，并给予积极的回应。

找不到交流的同事

主动向身边的人伸出援手。

暑假秦皇岛观课团中有一个小伙子，毕业后教了两年书就决定暂停教学，再读书进修了。问其原因，他说两年来的教学经验并不愉快。首先是管不好学生，经常被学生戏弄；但最令他失望的，是教师对教学的冷漠态度。

他长得较矮小，样子稚气，稍欠成熟的威严。在四级、五级组别学校任教，遇到顽劣学生捣蛋是难免的，但只要愿意学习、有上进心，经过几年的锻炼后，克服来自学生的干扰应没什么困难。

小伙子说在学校里好像孤身独战，没有支援。在教学上，想找同科的同事一起研究教学问题也十分困难。

刚入学校，只收到教科书和简单的指示，其他的困难就要自己单独面对。初时，他向校内教龄较长的同事请教，也有几个人愿意解答他的问题；但时间长了，能够找的都是那几个。渐渐，连仅剩的那几个同事都嫌弃他，有意回避他。

当想到一所学校五十多个教师，竟然完全没有教学上的交流时，他感到十分气馁。在这样的气氛中，实在难以指望会有良好的教学效果，因此，他想转换环境和加强自己的实力，停止教书，继续进修。

同事间缺乏交流，教师的专业水平实难以提升，这都是学校行政的责任。现在我们可以做的，唯有是自己多一点主动，对人多一份关怀。

个人反省

* 你在教学上有没有感到孤立无援？

* 教师可以从哪里得到支援？

具体实践

* 留意身边的同事，特别是新入职的，看看有没有人需要你的支援；如果有，请主动伸出援手。

你的补充

让学生每堂有惊喜

每课开始时都要让学生有一份惊喜。

那天听伊斯兰中学冯润仪分享教通识科的心得，从她讲话的内容、神态，看出她教得投入。她说，要在每课开始时让学生有一份惊喜。

"母亲与女儿驾车去看芭蕾舞表演，途中遇上交通意外，母亲死亡，女儿被送到急诊室。护士看了女孩子一眼，便说：'我不能护理这孩子，她是我的女儿！'为什么会这样？"学生的思维受到刺激，要找出答案。"同父异母！""死的是后母！"……"不，那个护士是女孩子的父亲。你们有强烈的性别成见。为什么想起护士就预设是女性呢？"

有学生很"正义"地申斥某花园居民歧视艾滋病人，是不合理的，并指出人人平等，不分伤健、智愚、种族云。冯润仪隔了一会儿之后问："如果你们家中的菲佣怀孕，你们会怎样处理？""开除她！""叫她返回菲律宾！"责备的声音此起彼落。冯润仪说："菲佣不是人吗？为什么她们没有生孩子的权利？是否因为她在受聘期间怀孕，令你们蒙受损失，你们就产生怨怼？"她指出学生思想上的"盲点"。找出盲点，消除盲点，是很有意义的教学活动。

个人反省

＊你的教学能够经常刺激学生的思维，令他们有惊喜吗？

具体实践

＊与优质的资深老师交流经验，尝试令学生享受你的教学。

你的补充

两个世界

因"地"制宜。

在中华基督教会区会举办的中层管理研讨会上，与十多个来自不同学校的中国历史科目主任座谈时，我强烈感觉到不同组别的学校，教师面对的学生问题差异极大。

我先指出，我校的学生学习成绩差，需要老师大力刺激才能够提高他们的学习积极性。因此，我要设计大量影音图像或以实物做辅助教材，并要经常改变教学方法，才容易吸引学生听课。我的意见很快就得到多位与会者的共鸣。

一位老师指出，他几乎每堂课要花数分钟来管理秩序，才能够开始讲课，中途又经常被顽劣学生的捣蛋行为干扰，往往使得管理秩序的时间比讲课时间多。另一位老师说，由于学生不重视这科，他便经常要利用哗众取宠的表达手法来吸引学生听课，否则他们就会给老师制造麻烦。

一位在第一组别学校任教的老师很认真地问："如果学生制造麻烦，为什么不把他送到训导处？"这问题一出，多位与会者都不约而同地笑了起来。另一位同样来自第一组别学校的老师说，她的学生学习基础比较好，很重视考试和成绩，她教学时不必用太多"花巧的"辅助教材；有时多放录音带、录像带，学生反而会嫌她赶不上进度。

虽然同是一个教育行业，但竟然会有如此天壤之别。

个人反省

* 你认为在高组别与低组别学校任教，各有什么优缺点？

* 教授好班和差班时，教师的教法和重点应有什么不同？

具体实践

* 主动要求分别任教好班和差班，尝试不同的教学经验，令自己的教学能力更全面。

你的补充

改变五级生的名校

不管前面是地雷阵还是万丈深渊，

我将勇往直前，义无反顾，鞠躬尽瘁，死而后已。

——朱镕基

那天应职业先修中学协会邀请，到何南金中学与彭幼婷老师一起分享教室管理的经验。讨论时，杨玉麟校长谈到，不少人都误以为职业先修中学为"龙潭虎穴"，有部分应征者更闻之色变，即使学校愿意聘用，应征者也会说："相信贵校不大适合我。"杨校长认为这全是错觉。其实很多文法中学，包括第一组别的学校，也有其独特的问题。困难处处有，只是性质不同而已。

林荣标校长接着发言。他说何南金聘用教师时，向应征者清楚说明，该校接收大量第五组别的学生，部分还是成绩最差的，要他们做好心理准备。

他说："我校的老师都以学校为荣。我们只教授第五组别的学生，老师们不但不以此为苦差，反而加倍努力做好教学的工作。不少第一组别的学生是来自经济能力较佳的家庭，部分毕业后或会到海外升学或移民，未必会返回香港。但这班第五组别的学生多是来自社会的最底层。他们没有能力移民，很大可能一生都会留在香港。如果没有人教好他们，他们便会为害社会；把他们教育成良好的公民，社会就不需要为此付出额外的补救费用。我们要有这份使命感！”

会后，我们参观何南金的校园。当我看见"醒师桩""电脑阁"等别具心思的设计，一股欣赏之情油然而生。

个人反省

* 面对顽劣学生，你有没有一份要教好他们的使命感？还是得过且过，但求他们早日毕业离校便可？

具体实践

* 与一位热心而富经验的老师沟通，了解他/她对顽劣学生的教学理想或哲学。

你的补充

可恋的校园

让学校成为师生留恋的地方。

去保良局胡忠中学造访，是想了解该校迎接信息科技教育的部署。校长陈玉楷兄是老朋友，领我参观校园，细谈近况。回来后经常忆起几个难忘的片段。

我问："一年前已经铺设全校的电脑网络，是否太鲁莽？"他说："既然同事有这份热诚和远见，我又有办法筹措经费，为什么不早些上路？"

学生会室里面有很多人，四周贴满活动的字条，看来是个有活力的地方。陈校长说："我很重视学生会要有独立的工作地方，让青年人发挥积极性。"

"图书馆安装三套电脑扫描收发机，是否有点夸张？"我问图书馆的主任老师。她说："不夸张，我们每天交收的图书达两百多本啊！"当时已经是下午四时多，图书馆仍然人来人往。馆内放置了三台电脑，其中一台可连接互联网，有些学生正在观看胡忠的网页。

我们走到顶楼的室内运动室时已近下午六时了，但仍然有十多名学生在打乒乓球，看来没有离开的迹象。我看得出，这里的资源大都投放在学校需要的地方，而学生对学校也充满感情。

个人反省

* 你的学校能否令学生留恋？为什么？

具体实践

* 以"如何令学生更喜欢本校"为题，与同事交流意见，或咨询学生的意见。

你的补充

班主任课

班主任是学生长途旅行的领导，
故不宜让队员放任自流。

那天到马松深中学分享做班主任的经验时，该校的廖老师告诉我，他们今年设立了一个专门小组，负责统筹学校全年的班主任课，进行有计划的设计和提供所需的资源。这无疑是一个很好的安排。每周一节的班主任课，如果放任自流，或者规划粗疏，实在浪费。

学生是学校的主体，班级是学生组织的基层单位，班主任是这些单位的指导员。如果班主任能够把该班组织起来，营造出健康、有活力的气氛，该班就成为校内一个强而有力的成员；如果班主任除了教学工作之外，就只点名收回条，没有发挥组织班会、营造良好班风的功能，甚至由于管理不当而令歪风滋长，那么该班就会成为学校的一个负累，需要其他班的教师支援补救。

与同一班学生亲密地相处一整年时间，像长途旅行中的领队，指导他们如何在校园内生活，是难得的缘分。他们的青春活力可以令教师不至与时代脱节，他们的喜怒哀乐也反映了人性的多元化，他们对班主任的要求也迫使教师要自强不息。我回味做班主任的日子，在与家长的联络中，我认识了很多家庭，也有机会与不少学生进行深入的沟通，建立了彼此都珍惜的关系。

个人反省

* 你有没有做班主任的策略？你认为做班主任跟一般学科教师的功能有什么不同？

具体实践

* 看一两篇介绍怎样做班主任工作的文章，反省自己的现行策略。

你的补充

得 顽劣学生教好之

得天下之英才、庸才而教好之，皆乐也!

那天到永光书院分享教学心得，我要求老师说出曾遇到过的好学生。多位老师都说出一些好学生的优秀品质，例如：主动乐意帮老师、积极进取、主动交齐功课、工作尽责……其中两项令我印象最深的，是一位老师说他最高兴看到本来顽劣的学生变好，以及多位老师表示最开心是学生愿意聆听自己的话，接受老师的教导。

问题学生背后绝大多数都有一个问题家庭，同样，优质学生亦多数是家庭的产物。令优质学生百尺竿头，更进一步，改变顽劣学生的缺点，都是学校教师的责任。把学生的优秀表现视为自己的功劳，把顽劣学生视为问题家庭和不良社会风气的产物，是自欺!

优质学生即使没有老师关爱，也有家长引领；顽劣学生没有老师关爱，他们便少了一个扭转命运的机会。得顽劣学生而教好之，一乐也!

教师的主要工作是施教，学生耐心地聆听，积极、热烈地回应，令教师高兴是很正常的，这是工作价值被认可的表现。同样，如果教师乐意聆听学生的说话，并对他们所表露的要求有积极的回应，亦会令学生喜悦，从而建立良好的师生关系。

希望同人们与上述永光书院的老师一样，愿意竭尽所能，协助顽劣学生迁善改过，完成教师专业的责任。

个人反省

＊你有没有偏爱比较乖巧、成绩好的学生？

具体实践

＊要求学生聆听你的说话的同时，也要对学生的说话仔细倾听，特别是对顽劣学生。

你的补充

# 三部教师电影

他山之石，

可以攻错。

近年，我珍藏了三部以教师教学为主题的电影录影带或光碟，每当空闲或有感触时，便会拿出来重看，常有新的领会。

第一部是《非常教师》。它把一个用心教学的教师，如何在失控教室中挣扎求存的过程描写得细腻动人。米雪飞花在教室受辱后深深不忿，急谋各种对策，最后令顽劣学生接受她，佩服她，并因她的鼓励而愿意学习。据我的经验，电影中的情节都是可信的，没有夸张神化的地方，值得借鉴。

第二部是《生命因你动听》。剧情描述一个对教学充满热诚的教师，怎样在沉闷、了无活力的教室中，诱发学生的学习兴趣，并使他们学有所成。教学要生活化、趣味化，知易行难；教育要"给学生帮助""令学生养成良好的习惯"，是教师长期解答不了的难题。有心的教师不难从中得到启发。

第三部是《仙乐飘飘处处闻》。这部电影中的歌舞，百看不厌。

它令我想到教学的目的，是让孩子健康快乐地生活，不一定要做大事业。同时教师在教学过程中，亦要活得快乐，不能委屈自己。

个人反省

＊你的教学动力是什么？电影、小说、散文等，曾否激发你教学工作的斗志？

具体实践

＊与交情较好的同事一起欣赏上述影片，并交流心得。

你的补充

屯门警方做得好

善用社会资源。

活动完毕，职先协会主席林日丰校长驾车送我一程。路上聊天，林校长告诉我，屯门警方与区内秩序问题较为严重的学校结成联系网，每所学校都有一个高级督察"精神上驻校"。这是什么意思？原来该名驻校的高级督察，会成为校方处理校内严重事件的顾问；最重要的，是一旦校内校外发生暴力事件，只要校方致电该名督察，几分钟内便会有警员到校。这令我记起两年前到顺德梁开中学观课时，该校校长在整治秩序初期，也主动要求当地派出所提供类似的支援。

校内顽劣学生的问题，怎样严重也能够处理；但一旦牵涉校外恶势力时，秀才遇贼，即使有胆识的教师，也不敢保证能从容处理。还有，当学生有校外恶势力"声援"，他们的破坏力会更难约束。

林校长说："其实警方不喜欢到校，他们在学校有很多掣肘……"我插话说："对他们来说，校内的暴力事件只是'小儿科'，有什么掣肘？""因为如果用他们惯常的手段来对付校内顽劣学生，反而容易把问题恶化，不及我们有实效。……警方堵住校外恶势力的魔爪，我们钳制校内的相关学生，分工合作，反而相得益彰。"

个人反省

* 由教师和警方处理校内的顽劣学生问题，各有什么优点和缺点？

具体实践

* 自制一张清单，将校区内所有社会设施的联络方法和服务一一列出来，方便日后使用。

你的补充

吸 啜鼻涕的动力

教师要引导学生发扬生命美善的一面，自己也要这样做。

两岁患感冒发烧的孙女突然口吐白沫、双眼翻白、摇之无反应，外婆立即撑开孙女的嘴巴，防止她咬断舌头；然后用自己的嘴巴吸啜孙女的鼻孔，把藏在鼻腔内的鼻涕吸出，免孙女窒息至死。外婆的行为很感人，虽然有人想到当时的情境会感到不舒服。

童年时，我经常看见母亲这样帮助因大哭而呼吸有困难的弟妹。有救伤队主任说啜鼻不合卫生，宜用吸痰器，但凭常识就知道这个建议在现场是不实际的。说回吸啜鼻孔，试想想，把鼻涕吸到自己的嘴巴里，一般人会有怎样的反应？作呕、反胃、发毛、打战……但外婆没有丝毫犹疑就立即行动。你或许会认为，她是出于对孙女的爱才这样做；但我估计，如果遇上邻居的小孩发生相同的情况，她也会很自然地施以援手，因为救回一条生命的价值，足以抵偿啜鼻的厌恶感。这种厌恶感，可转化为神圣的、不可违抗的命令。

我联想到那些喜欢在黑夜中四处溜达，神憎鬼厌的青少年，李烈文神父以帮助他们为天职；同时我又想到那些视顽劣学生为"瘟神"的教师。对比何以这样大?

* 你是否觉得顽劣学生神憎鬼厌、面目可憎?若是,这种感觉是怎样形成的呢?

具体实践

* 想象一个在教学时可能/曾经令你难堪的情境,并试想想自己可以如何应付。

你的补充

观 课交流经验

独学无友，

孤陋寡闻。

感谢五育中学校方借出场地，也感谢该校通识教育科萧老师和他的预科学生。得到他们的支持，教协顺利举办了一次观课交流活动，令参加者获益不浅。

二十二位五育中学修读通识教育科的学生做"试验品"；伊斯兰中学的冯润仪、沙田循道卫理中学的许文中和我三人，每人教一节约半小时的课；二十多位老师在教室的后方观课，并于课后分享体会。

我打头阵，向学生讲解本科教学目标与其他科目的差异，并以陆志伟被虐杀的案件为题，安排学生小组讨论和汇报。冯润仪则以"怎样应付逆境"为题，示范如何激发学生的思路，以及如何将学生未组织好的意念分类。至于许文中，他教学生怎样绘画意念联想网。

这不是一次观课表演，不是用来博取掌声的；事实上，他们在教室内就是这样教学的。事后分享时，老师对三个示范都提出了一些意见。

　　香港的观课活动尚未形成风气，原因不在于场地和学生的安排，而是愿意被公开观课的教师难以物色；结果，观课变成被评核的方式之一，教师多视之为一场特别丰富的"表演"。我认为香港的观课文化必须改变，教育团体和办学团体都应该多下功夫。

个人反省

＊你是否不喜欢被他人观课？为什么？

＊你认为教师间互相观课，对教学会否有实际的推进作用？

具体实践

＊参加一次公开的观课活动。

＊尝试邀请校内一位资深教师与你互相进行观课。

你的补充

读书笔记

读书笔记

读书笔记

读书笔记

读书笔记